Estudos Aplicados de Direito Empresarial

Estudos Aplicados de Direito Empresarial

LL.C. EM DIREITO EMPRESARIAL

2021

Coordenação:
Pamela Romeu Roque

ALMEDINA

ESTUDOS APLICADOS DE DIREITO EMPRESARIAL
LL.C. EM DIREITO EMPRESARIAL

COORDENAÇÃO: Pamela Romeu Roque
AUTORES: Erik Telles Maeda, Felipe Vanderlinde Schiavon, Gabriela Brocadello Junqueira, Gabriela Revoredo Pereira da Costa e Tatiane Neves Alves

DIRETOR ALMEDINA BRASIL: Rodrigo Mentz
EDITORA JURÍDICA: Manuella Santos de Castro
EDITOR DE DESENVOLVIMENTO: Aurélio Cesar Nogueira
ASSISTENTES EDITORIAIS: Isabela Leite e Larissa Nogueira

DIAGRAMAÇÃO: Almedina
DESIGN DE CAPA: FBA

ISBN: 9786556273990
Dezembro, 2021

Dados Internacionais de Catalogação na Publicação (CIP)
(Câmara Brasileira do Livro, SP, Brasil)

Estudos aplicados de direito empresarial : LL.C
empresarial / coordenação Pamela Romeu Roque. --
São Paulo : Almedina, 2021.
Vários autores.

Bibliografia.
ISBN 978-65-5627-399-0

1. Direito empresarial 2. Direito empresarial -
Brasil I. Roque, Pamela Romeu.

21-89055 CDU-34:338(81)

Índices para catálogo sistemático:
1. Brasil : Direito empresarial 34:338(81)
Cibele Maria Dias - Bibliotecária - CRB-8/9427

Este livro segue as regras do novo Acordo Ortográfico da Língua Portuguesa (1990).

EDITORA: Almedina Brasil
Rua José Maria Lisboa, 860, Conj.131 e 132, Jardim Paulista | 01423-001 São Paulo | Brasil
editora@almedina.com.br
www.almedina.com.br

APRESENTAÇÃO

> Acima de tudo sê fiel a ti mesmo,
> Disso se segue, como a noite ao dia,
> Que não podes ser falso com ninguém.
> *Hamlet – W. Shakespeare*

Com 22 anos de história no mercado jurídico, o Insper Direito reitera o seu legado pela excelente produção científica de seus alunos e professores. Trabalhos científicos de grande aplicação prática-profissional e já reconhecidos pelo mercado.

Na nova coleção "Estudos Aplicados de Direito Empresarial", que tive a honra de ser um dos idealizadores e coordenador em conjunto com o Prof. Dr. André Antunes Soares de Camargo, apresenta os seus novos volumes com ênfase em direito empresarial, direito dos contratos, societário e mercados financeiro e de capitais.

A publicação desta nova coleção comprova a excelência acadêmica dos discentes-autores e de seus respectivos professores orientadores.

Cabe aqui o nosso sempre agradecimento à Editora Almedina Brasil, que rapidamente abraçou a ideia desta coleção e vêm brindando os alunos e orientadores com suas publicações por anos seguidos, hoje, a coleção já conta com centenas de artigos e obras monográficas que são referências em seus segmentos.

A coleção "Estudos Aplicados de Direito Empresarial" foi originalmente pensada para ocorrer em uma edição por ano, sempre próximo ao encerramento do ano letivo. Projetamos o lançamento fiéis a qualidade que pauta nossas atividades e a própria Editora Almedina, referência jurídica em toda a comunidade lusófona.

O leitor terá a oportunidade de conferir as mais diversas abordagens para temas novos, ou com novas leituras de questões já existentes, sempre fiel a qualidade e rigor científico para o enfrentamento de questões concretas e complexas. Como uma escola de negócios, os textos que aqui são apresentados trazem luz para as mais variadas dificuldades do dia-a-dia do jurídico empresarial estratégico.

A coleção sempre traz ao público artigos altamente qualificados de nossas alunas e alunos e cada um dos volumes desta nova edição apresenta mais cinco novos artigos (com exceção de direito tributário que excepcionalmente conta com dez artigos), marca realmente expressiva para uma publicação tão jovem no cenário jurídico nacional.

Foram desenvolvidos os seguintes trabalhos que convido todas e todos a sua leitura e aprendizagem.

Direito Empresarial – "O uso da jurimetria pelos departamentos jurídicos: criação de indicadores financeiros e de eficiência operacional" do autor Erik Telles Maeda; "O consentimento informado como autorizador para o tratamento de dados sensíveis de saúde obtidos por meio de dispositivos eletrônicos cotidianos " do autor Felipe Vanderlinde Schiavon; "A intergeracionalidade como prática de responsabilidade social corporativa das empresas do setor de telecomunicações" da autora Gabriela Brocadello Junqueira; "Uma análise dos arranjos jurídicos para avaliação da existência e eficácia de programas de compliance" da autora Gabriela Revoredo Pereira da Costa; e, "Trabalho em plataformas digitais: análise do regime jurídico atual e perspectivas futuras" da autora Tatiane Neves Alves.

Direito dos Contratos – temáticas sempre relevantes e que impactam todo o sistema jurídico e seus aplicações, temos igualmente cinco excelentes artigos, composto por "Os contratos de afiliadas no setor de telecomunicação e os contratos de franquia" da autora Alexandra Cappellazzo de Oliveira Lima; "Uma breve análise sobre o papel da limitação de responsabilidade em contratos empresariais de computação em nuvem" do aluno André Julius Pellicano Granado; "Linguagem contratual: a simplicidade eficaz como ferramenta de segurança jurídica" do autor Antonio Alves de Oliveira Neto; "Uso da inteligência artificial: uma análise de seus possíveis reflexos jurídicos e a possibilidade de criação de contratos por instrumento autônomo" do autor Bruno Veridiano Geraldini; e, "A cláusula de exclusividade nos contratos de distribuição" da autora Karina Magalhães Soares

Direito dos Mercados Financeiro e de Capitais – programa mais tradicional do Insper, consta com os seguintes artigos, "Constituição de ônus e gravames sobre ativos financeiros" da autora Ana Paula de Oliveira Missias; "Responsabilidade civil ambiental das instituições intermediárias de ofertas públicas de valores mobiliários" do autor Henrique Takeda Kamoi; "Smart contracts e derivativos" da autora Larissa Marques Lima; "Responsabilização dos administradores: uma análise econômica e jurídica da aplicação dos deveres fiduciários" do autor Luiz Ferrua Neto; e, "Desafios jurídicos do sistema financeiro aberto (open banking)" do autor Kaike Augusto Machado.

Direito Societário – produziu os seguintes artigos: "Reflexões acerca de instrumentos híbridos" do autor Lucas Manzoli de Almeida; "O direito de voto das ações gravadas com usufruto" do autor Luiz Fernando Lockmann e Souza; "Alienação fiduciária de ações em garantia e suas consequências sobre direitos do acionista fiduciante" do autor Pedro Moura de Almeida; "Transformação de associações em sociedades" da autora Verena Reverdy Lemos; e, "Convenção extraprocessual em sociedades limitadas: uma tentativa de racionalização do processo societário" do autor Vinicius Cavarzani.

Direito Tributário – finalmente o programa de direito tributário produziu os seguintes artigos: "O parcelamento do débito tributário e a possibilidade de liberação da garantia prestada em execução fiscal" da autora Amanda Krummenauer Pahim de Souza; "Natureza jurídica dos aportes extraordinários patronais em plano de previdência privada aberta, à luz da jurisprudência do conselho administrativo de recursos fiscais – CARF" da autora Carolina Evangelista Silva Coimbra; "Aspectos tributários envolvendo a importação de bens e serviços por entidades do terceiro setor" da autora Gabriella Fernanda Nunes Braga; "A eficácia da restrição sobre a compensação antes do trânsito em julgado nos casos com exame repetitivo" da autora Karla Alves de Carvalho; "A tributação das Fintechs: estudo sobre as controvérsias tributárias aplicáveis às instituições de pagamento" do autor Otávio Batista de Carvalho Júnior; "Provas: impactos do novo Código de Processo Civil no processo administrativo tributário" do autor Paulo Antonio Balduino Filho; "A aplicação da teoria dos sistemas na resolução de demandas jurídicas-tributárias sobre o ágio" do autor Pedro Cavalcanti Amarante; "Imposto sobre a renda da pessoa jurídica: aplicabilidade do benefício fiscal da depreciação integral previsto no artigo 6º da medida provisória nº 2.159-70/01 para bens classificados como ativo biológico, especialmente cana-de-açúcar e eucalipto" do autor Renato Sguerri Fernandes; "Tributação dos rendimentos auferidos no exterior em sociedades, fundos de investimento e trusts por residentes fiscais no Brasil" da autora Samara Azevedo Fagundes; e, "Consequências jurídicas da não realização do fato gerador presumido do ICMS-ST e do direito ao indébito tributário correspondente" autoria de Vanderlei de Souza Júnior.

Deixo aqui o meu muito obrigado à todas e todos que colaboraram para a produção de mais uma coleção Insper Almedina e Coleção Estudos Aplicados de Direito Empresarial.

Boa leitura a todos!

Prof. Dr. RODRIGO FERNANDES REBOUÇAS

PREFÁCIO

Ainda em período turbulento de pandemia que o mundo enfrenta, é com enorme satisfação que apresentamos este sétimo volume da coleção Estudos Avançados em Direito Empresarial – LL.C. em Direito Empresarial, contendo cinco artigos desenvolvidos no programa de pós-graduação LL.C. em Direito Empresarial do Insper Direito. São textos selecionados a partir de trabalhos de conclusão de curso em que os autores abordaram, de maneira dedicada, problemas complexos, atuais e pertinentes ao mundo empresarial, valendo-se de habilidades necessárias aos advogados contemporâneos. Os assuntos, em linha com a diversidade de problemas enfrentados pelas empresas, vão de jurimetria, gestão, dados pessoais, responsabilidade social corporativa, compliance a plataformas digitais. A destreza com que os autores conduzem suas linhas de raciocínio mais do que recompensa o leitor que se aventurar a ler os artigos abaixo apresentados.

Nesse sentido, inaugura o volume, por ordem alfabética por nome do autor, Erik Telles Maeda, com seu artigo "O uso da jurimetria pelos departamentos jurídicos: criação de indicadores financeiros e de eficiência operacional". Nele, o autor analisa tanto a importância para o setor jurídico de criar e acompanhar indicadores relevantes para o papel que o departamento jurídico exerce dentro da organização com o paradigma atual de parceiro de negócios, quanto o conceito e funcionamento da importante e relativamente recente jurimetria. Com o ferramental teórico desenvolvido, Erik Telles Maeda apresenta, de forma propositiva e exemplificativa, como a jurimetria pode contribuir para construir e mensurar os indicadores financeiros e de eficiência operacional do departamento jurídico.

Na sequência, Felipe Vanderlinde Schiavon apresenta seu artigo “O consentimento informado como autorizador para o tratamento de dados sensíveis de saúde obtidos por meio de dispositivos eletrônicos cotidianos”. Nele, o autor destaca que, com a evolução tecnológica, cada vez mais dados de saúde são coletados por dispositivos móveis de uso cotidiano, o que traz o problema dos limites do tratamento desses dados. Como por ele enfrentado, a Lei Geral de Proteção Dados (“LGPD” - Lei Federal nº 13.709/2018) trouxe importantes delimitações, e destacou o consentimento do titular como pilar autorizador para o tratamento de dados, mas previu hipótese autorizadora de tratamento de dados sem esse consentimento, quando indispensável para a proteção da vida do titular. Felipe Vanderlinde Schiavon sustenta que essa exceção legal acaba violando o princípio da transparência e da autodeterminação da pessoa humana, pois tolhe a oportunidade do titular se manifestar, *ex ante*, sobre o seu consentimento acerca do tratamento de dados. A partir desse raciocínio, o autor sustenta que os dados coletados por meio de dispositivos móveis poderão ser tratados apenas se o titular conceder seu consentimento informado. O autor não deixa de, então, detalhar como deve ser obtido esse consentimento e finaliza sustentando que não há vedação legal para que a empresa do dispositivo móvel ou seu aplicativo forneçam recomendações aos titulares dos dados, caso algum risco à saúde seja identificado.

Após, Gabriela Brocadello Junqueira enfrenta o importante tema da intergeracionalidade em empresas, com o artigo

"A intergeracionalidade como prática de responsabilidade social corporativa das empresas do setor de telecomunicações". Reconhecendo a escassez de estudos sobre o assunto, a autora direcionou seu trabalho ao setor de telecomunicações, analisando quatro empresas por meio da observação dos indicadores de gestão de pessoas e faixa etária, apresentados em Relatórios de Sustentabilidade de acordo com as diretrizes GRI (*Global Reporting Initiative*). A autora conclui que, apesar de afirmarem terem compromisso com a sustentabilidade organizacional e políticas de Responsabilidade Social Corporativa, nas empresas existe um "ageismo" velado e institucionalizado, fazendo com que a evolução das organizações seja lenta e pouco expressiva do ponto de vista da diversidade de faixa etária. Esse é de fato um desafio atual que demanda imprescindível reflexão.

Já a autora Gabriela Revoredo Pereira da Costa apresenta seu artigo "Uma análise dos arranjos jurídicos para avaliação da existência e eficácia de programas de compliance". Nele, a autora enfrenta o fato de que a obrigatoriedade de implementação de programas de compliance é tendência que exige mecanismo por meio do qual se verifique a implementação de programas de integridade apropriados e efetivos. Partindo da premissa da obrigatoriedade do programa conter os elementos estabelecidos na Lei 12.846/2013, o artigo explora, por meio da metodologia de pesquisa bibliográfica e documental, três arranjos jurídicos destinados à avaliação de programas de integridade quanto a sua implantação e efetividade, de modo a garantir o cumprimento das normas que o exigem. O primeiro arranjo diz respeito à avaliação que é feita por entes públicos já existentes, tanto as próprias entidades lesadas em Processos Administrativos de Responsabilização (nos termos da Lei Anticorrupção Empresarial), quanto pelos órgãos contratantes, no caso de leis que exigem a adoção de programas integridade para contratação com a Administração Pública (a exemplo do que ocorre na

Lei Estadual 7.753/2017, do Rio de Janeiro). O segundo arranjo analisado diz respeito à análise que é feita por avaliador externo e independente. Já o terceiro e último arranjo jurídico explorado no artigo é o da avaliação por autoridade independente e especializada, nos moldes da Agência Francesa Anticorrupção, modelo que seria compatível e apropriado ao ordenamento jurídico brasileiro. Com a análise desses arranjos, a autora contribui para uma compreensão de modelos que podem ser adotados para a avaliação dos programas em questão.

Por fim, Tatiane Neves Alves desafia o assunto cada vez mais presente das plataformas digitais em "Trabalho em plataformas digitais: análise do regime jurídico atual e perspectivas futuras". O artigo analisa o atual debate incipiente sobre a existência (ou inexistência) de vínculo empregatício entre as plataformas digitais e os trabalhadores que delas se utilizam. Para enfrentá-lo, a autora elucida o cenário fático, abordando como funcionam as plataformas digitais de aplicativos de transporte individual privado e delivery, como estas estruturam seu modelo de negócio, bem como qual é o perfil dos trabalhadores que se utilizam de tais plataformas. A autora ainda explora os aspectos técnicos, tanto da lei vigente (Consolidação das Leis do Trabalho), quanto da análise estatística (jurimetria) dos julgados sobre o tema. Por fim, Tatiane Neves Alves apresenta uma proposição do cenário futuro e conclui na direção de uma regulação específica para esta modalidade de trabalho.

Espero que esta breve apresentação tenha atiçado a curiosidade dos leitores e atinja o objetivo de convidá-los e convencê-los a desfrutar das páginas seguintes. Vale a pena.

Boa leitura a todos!

PAMELA GABRIELLE ROMEU GOMES ROQUE
Professora do Insper Direito

SUMÁRIO

O USO DA JURIMETRIA PELOS DEPARTAMENTOS JURÍDICOS: CRIAÇÃO DE INDICADORES FINANCEIROS E DE EFICIÊNCIA OPERACIONAL

Erik Telles Maeda

Introdução

A presença dos departamentos jurídicos na rotina da atividade empresarial é uma realidade desde a década de 1970, porém a sua estrutura e a forma de desempenho de suas atividades sofreram diversas alterações ao longo dos anos, as quais foram direta e indiretamente influenciadas pelas constantes mudanças econômicas, políticas e legislativas pelas quais o Brasil passou, principalmente nas décadas de 1980 e 1990.

O desempenho da atividade jurídica demanda a disponibilidade de uma quantidade significativa de recursos financeiros, uma vez que devem-se considerar os custos com honorários advocatícios, as despesas administrativas, os valores de custas processuais e de condenações, fatores que contribuíram para que a imagem desse setor estivesse atrelada aos custos relacionados a sua manutenção. Soma-se a isso o fato de que, historicamente, a área jurídica se ateve a olhar para os assuntos administrativos e burocráticos da atividade, sem aprofundar seus conhecimentos no negócio em que estava inserida, fazendo com que o suporte ao empresário fosse falho ao não conceder uma análise clara do risco e da estratégia empresarial no momento da tomada de decisão.

A situação dos departamentos jurídicos empresariais, portanto, se mostrou frágil diante das oscilações econômicas, políticas e legislativas das décadas passadas, levando, por diversas vezes, o empresário a cortar ou a terceirizar o departamento jurídico de seu negócio em busca de redução dos custos inerentes a ele, que não se justificavam diante do pouco suporte concedido ao negócio.

A imagem do departamento jurídico começou a se modificar com o surgimento de um modelo híbrido de suporte jurídico ao empresário, o qual se estrutura na existência de um departamento jurídico interno voltado em caráter exclusivo à empresa em que está inserido e um setor jurídico externo, representado pelos escritórios de advocacia que prestam serviços para a empresa em caráter não exclusivo.

Esse modelo permite que o jurídico interno volte sua atenção apenas às pretensões da empresa, aprofundando seu conhecimento a respeito do negócio e do mercado em que ela está inserida, fazendo com que a sua participação na definição de estratégias e na assunção de riscos seja mais efetiva. Além disso, a questão financeira também acaba sendo solucionada, pois, apesar de a atividade jurídica ainda representar um alto gasto financeiro para a empresa, o suporte de uma vasta gama de escritórios de advocacia ao jurídico interno permite que sua estrutura seja mais enxuta e traga resultado sem prejudicar a qualidade de sua atuação.

A forma pela qual o departamento jurídico é percebido dentro da estrutura empresarial, portanto, não é mais a mesma, pois ele deixa de ser uma simples área de suporte e passa a ser um verdadeiro parceiro de negócios, ou seja, "A assessoria jurídica passa a se comportar não como parecerista ou procuradora judicial, mas verdadeiramente como consultora de negócios, colocando-se ao lado do empresário nas decisões negociais e no planejamento estratégico da companhia"[1].

Nesse contexto surge a relevância dos indicadores de desempenho para o departamento jurídico empresarial, pois ele não só passa a ser avaliado segundo esses indicadores, como também passa a utilizá-los como ferramenta para justificar sua existência na estrutura da empresa, comprovando que está cada vez mais próximo da atividade empresarial e que o retorno financeiro pode ser maior que o custo inerente ao desempenho da atividade jurídica.

As formas de construir esses indicadores, quais informações analisar e como organizá-las podem variar entre empresas e setores diferentes de mercado, porém se mostram como um grande desafio aos operadores do direito, seja por envolverem assuntos não tão recorrentes em suas formações como contabilidade e análise de dados, seja por ser uma transformação de mentalidade ainda em implementação.

A jurimetria, enquanto ciência jurídica que "usa a estatística para restabelecer um elemento de causalidade e investigar os múltiplos fatores (sociais, econômicos, geográficos, éticos etc.) que influenciam o comportamento dos agentes jurídicos"[2], ganha força por traçar critérios e metodologias de análise dos dados jurídicos que facilitam a utilização dessas informações para criar indicadores, sobretudo com o crescimento do mercado de softwares jurídicos que os aprimoram constantemente.

[1] Modé, Fernando Magalhães. O Boticário: indicadores de desempenho do departamento jurídico. In Selem, Lara; Leite, Leonardo Barém. Leonardo Barém (Org.) **Gestão Estratégica do Departamento Jurídico Moderno:** caminhos para excelência e forma de inseri-los nas decisões empresariais. Curitiba: Juruá, 2010, p. 353.

[2] Nunes, Marcelo Guedes. **Jurimetria**: como a estatística pode reinventar o Direito. São Paulo: Editora Revista dos Tribunais, 2016, p. 115.

Sendo assim, o presente estudo pretende, em seu primeiro capítulo, traçar a evolução histórica da estrutura e das atividades desempenhadas pelos departamentos jurídicos, para explicar o modelo mais utilizado pelas empresas atualmente e como eles levam em consideração os indicadores jurídicos.

Para tanto, o segundo capítulo aborda alguns métodos de criação de indicadores e destaca os mais relevantes para os departamentos jurídicos, deixando clara a importância de sua utilização dentro e fora do ambiente empresarial.

O terceiro capítulo, por sua vez, irá definir o conceito de jurimetria para passar a estudá-la como um instrumento para a criação e monitoramento dos indicadores de desempenho, dando enfoque em sua utilização para sanar gargalos de eficiência, para buscar oportunidades de redução de custos e para controle de orçamento.

A partir dessa análise, visa-se demonstrar, sem qualquer pretensão de esgotar o tema, a importância do uso da jurimetria para criar indicadores que beneficiem a estratégia dos departamentos jurídicos corporativos na redução de custos e no ganho de eficiência operacional, tendo por metodologia o uso de conceitos jurídicos, de ciência de dados e de administração de empresas encontrados em livros, artigos científicos e reportagens.

1. A evolução histórica dos departamentos jurídicos

Os departamentos jurídicos empresariais, diferentemente do modelo adotado em outros países, estiveram presentes na estrutura organizacional das empresas com operação no Brasil desde a década de 1970. Embora não se possa afirmar que essa seja uma característica exclusiva das empresas brasileiras ou daquelas que operam em território nacional, é possível dizer que essa é uma peculiaridade construída preponderantemente pela complexidade cultural e legislativa brasileira.

A esse respeito bem define Pedro Paulo Villa[3] ao descrever as dificuldades culturais encontradas pela multinacional Katoen Natie no início de sua operação no Brasil ao afirmar que "fazer negócios em diferentes "Estados" brasileiros afigura-se, muitas das vezes, tarefa mais difícil do que fazer negócios em diferentes "países" da Europa". Somam-se a isso, ainda segundo Villa[4], os obstáculos jurídicos representados pelo enorme passivo construído sobre uma cultura jurídica litigante e por uma legislação que cria óbice a celebração de negócios, aumenta os custos das operações e, curiosamente, torna os benefícios fiscais mais atrativos financeiramente que a elaboração de uma operação logística menos complexa – produção próxima ao local de distribuição.

Diante desse contexto, fica clara a relevância do apoio de um corpo jurídico, seja para que possa elucidar o complexo emaranhado de leis, regulamentos e normas brasileiras, seja para guiar com maior segurança a atividade empresarial em um país com extensão e diversidade continentais. Por outro lado, deve-se considerar que a atuação de um departamento jurídico, estando ele integrado a estrutura das empresas ou sendo ele terceirizado a um escritório de advocacia externo, tem por objetivo final seguir lado a lado com os demais departamentos da empresa rumo ao objetivo de seu *core business*, característica essa que, aliada as mudanças políticas e legislativas do país, foram as grandes responsáveis pelas diversas mudanças estruturais e de atuação constatadas ao longo dos anos.

[3] VILLA, Pedro Paulo. Katoen Natie do Brasil Gestão Jurídica. *In*: SELEM, Lara; LEITE, Leonardo Barém. Leonardo Barém (coord.) **Gestão Estratégica do Departamento Jurídico Moderno:** caminhos para excelência e forma de inseri-los nas decisões empresariais. Curitiba: Juruá, 2010, p.436.

[4] Conforme: VILLA, Pedro Paulo. Katoen Natie do Brasil Gestão Jurídica. *In*: SELEM, Lara; LEITE, Leonardo Barém. Leonardo Barém (coord.) **Gestão Estratégica do Departamento Jurídico Moderno:** caminhos para excelência e forma de inseri-los nas decisões empresariais. Curitiba: Juruá, 2010.

O papel de um departamento jurídico em 1970, portanto, pouco se assemelha ao que mais recorrentemente se constata atualmente, principalmente pelo fato de que naquela época a área jurídica, ainda em fase de surgimento, buscou como referência um modelo estrutural de atividades já consolidado representado pelos escritórios de advocacia, sendo então, nas palavras de Fernando Magalhães Modé[5], "quase que "uma cópia perfeita" das estruturas então implementadas nos escritórios de advocacia".

O departamento jurídico corporativo, ainda segundo Fernando Magalhães Modé[6], estruturava-se na hierarquia tradicional de advogados, estagiários e secretárias, apresentava um processo de trabalho burocratizado e técnico, e se mostrava extremamente objetivo e engessado quando se tratava da orientação ao empresário, atendo-se a atestar a legalidade ou não de determinado projeto. A atuação jurídica, portanto, era limitada pela desconexão entre o departamento e as atividades da empresa, uma vez que o corpo jurídico não conhecia a fundo o negócio do qual fazia parte e, assim, não conseguia desempenhar uma atuação estratégica que permitisse sugerir à liderança da empresa alternativas que agregassem o lastro de legalidade ao interesse do negócio.

Dessa forma, a área jurídica não desempenhava uma atuação completa e alinhada aos interesses da empresa, pois, em grande

[5] MODÉ, Fernando Magalhães. O Boticário: indicadores de desempenho do departamento jurídico. *In*: SELEM, Lara; LEITE, Leonardo Barém. Leonardo Barém (coord.) **Gestão Estratégica do Departamento Jurídico Moderno:** caminhos para excelência e forma de inseri-los nas decisões empresariais. Curitiba: Juruá, 2010, p.348.

[6] Conforme: MODÉ, Fernando Magalhães. O Boticário: indicadores de desempenho do departamento jurídico. *In*: SELEM, Lara; LEITE, Leonardo Barém. Leonardo Barém (coord.) **Gestão Estratégica do Departamento Jurídico Moderno:** caminhos para excelência e forma de inseri-los nas decisões empresariais. Curitiba: Juruá, 2010.

parte das vezes, prestava-se a restringir decisões e projetos do corpo diretivo por não se adequarem a legalidade, o que acabava por deixar o empresário sem conhecimento dos riscos e possíveis consequências das decisões que tomava nesse contexto.

A década de 1980 e o início da década de 1990 trouxeram diversas alterações para o contexto político-econômico nacional, influenciando diretamente no setor empresarial e, consequentemente, nos departamentos jurídicos corporativos. As terceirizações em massa que marcaram o início dos anos 80 também atingiram os departamentos jurídicos corporativos e as atividades antes desempenhadas por eles passaram para os escritórios de advocacia, tendo por motivação principal a redução do custo constituído pela manutenção de um jurídico interno[7].

A nova Constituição Federal, que passou a vigorar ao final da década de 1980, trouxe importantes mudanças para o cenário jurídico brasileiro, fazendo com que os operadores do Direito se voltassem à compreensão desse novo contexto legal que, por essência, demandava mais conhecimentos técnicos e especialização. Esse novo cenário contribuiu para a manutenção do suporte jurídico empresarial sob a responsabilidade dos escritórios de advocacia, uma vez que eles postulam em juízo diariamente e, assim, estão em constante estudo e atualização a respeito do ordenamento jurídico e do entendimento dos tribunais.

A utilização dos escritórios de advocacia em substituição ao jurídico interno, apesar de tornar o suporte jurídico menos custoso, não resolvia a questão do suporte ao empresário, que seguia desguarnecido de um apoio jurídico alinhado às necessidades do negócio, tendo que tomar decisões ainda sem dimensionar de forma precisa os riscos assumidos em cada uma delas,

[7] Idem.

ficando claro que a maneira de se estruturar para atender às demandas legais ainda não havia encontrado o modelo mais adequado.

Nos anos seguintes, o processo de terceirização foi revisto e, em alguns casos, revertido para dar espaço a um modelo que integra a estrutura interna à externa, dando maior versatilidade ao setor jurídico como um todo para estar mais próximo do negócio, sem perder a capacidade de atender aos picos de demanda, às necessidades por especialização e, ainda, proporcionar uma melhor utilização dos recursos da empresa.

As particularidades desse modelo híbrido evidentemente não são estanques e podem variar de uma empresa para a outra, porém, na grande maioria das vezes costuma ser estruturado pela existência de um departamento jurídico interno composto por advogados exclusivamente dedicados à empresa e um jurídico externo composto pelos escritórios de advocacia que prestam serviços para essa empresa em caráter não exclusivo.

A estrutura interna está mais próxima do negócio e do empresário, permitindo que o desempenho das atividades jurídicas esteja alinhado à estratégia, cultura, visão, missão e aos valores da empresa. Os seus integrantes agregam valor com a especialização na empresa e no mercado em que ela atua, solucionando também demandas contenciosas, porém com foco na gestão de riscos e em atuar de forma preventiva no sentido de solucionar problemas operacionais internos e de eliminar ou reduzir contingências e custos.

A equipe jurídica interna fica, ainda, incumbida de guiar o assessoramento jurídico externo e, nesse sentido,

> proporcionar a realização dos objetivos da empresa (estratégicos, táticos e operacionais) da maneira mais eficiente (através da otimização do uso dos recursos disponíveis), eliminando despesas, reduzindo o montante quando isso se mostrar necessário,

realizando controles e monitoramento das atividades preventivas e de gestão de risco, que impliquem a eliminação de contingências e, quando não seja possível sua eliminação, mitigar ou compensar os impactos indesejáveis[8].

A estrutura externa, por sua vez, complementa a atuação do jurídico interno sendo responsável pela postulação judicial e administrativa, agregando conhecimentos jurídicos mais técnicos e especializados, além de contribuir com experiências de outros setores empresariais (*benchmark*) e em todos os ramos do direito. A importância dos escritórios de advocacia externos nesse modelo híbrido se destaca também por suas estruturas amplas e diversas que permitem suprir as enxutas estruturas dos departamentos jurídicos, garantindo que as oscilações de demanda não representem custo excessivo nos momentos de baixa demanda ou risco de perda de prazos em ocasiões de alta demanda, impasse recorrentemente debatido no passado.

Esse modelo atual, portanto, faz com que o departamento jurídico deixe de atuar de forma passiva como apenas um validador de legalidade e, assim, de figurar como uma área suporte dentro das estruturas empresariais, passando a atuar de forma mais ativa como parceiro de negócios e a contribuir diretamente para as decisões e o planejamento estratégico empresarial.

Dessa forma, o departamento jurídico empresarial atuando como parceiro de negócios, assim como as demais áreas da organização, terá seu desempenho mensurado com base em indicadores como a construção e gestão de orçamento, o controle de

8 MODÉ, Fernando Magalhães. O Boticário: indicadores de desempenho do departamento jurídico. *In:* SELEM, Lara; LEITE, Leonardo Barém. Leonardo Barém (Org.) **Gestão Estratégica do Departamento Jurídico Moderno:** caminhos para excelência e forma de inseri-los nas decisões empresariais. Curitiba: Juruá, 2010, p. 352.

custos e provisões, eficiência e qualidade na análise de contratos, planejamento fiscal e societário, liderança e participação efetiva em projetos relevantes para a empresa.

A utilização desses indicadores, porém, não deve se limitar a um critério avaliativo do departamento jurídico, mas ser um instrumento para guiar as estratégias e tomadas de decisão, permitindo identificar oportunidades de melhoria, formas de ganho de eficiência, de redução de custos e trazer *insights* que possam beneficiar o negócio.

2. Indicadores de desempenho e o departamento jurídico

O conhecimento do negócio e a definição de uma estratégia de atuação clara são os dois principais alicerces para que uma empresa possa atingir seu sucesso, porém como entender mais sobre o mercado e detalhar as ações de curto, médio e longo prazos? É em resposta a esse questionamento que se busca estudar o ambiente negocial e construir indicadores de desempenho, pois eles permitem à organização empresarial o exercício de predições, a identificação de falhas ou gargalos nos processos internos, a avaliação do desempenho da empresa e de cada uma das suas áreas e, com isso, a adaptação ao dinamismo do mercado atual, fornecendo respostas mais rápidas e efetivas às suas nuances.

Além disso, sendo a empresa composta por diversas áreas e setores (recursos humanos, financeiro, jurídico, marketing, comercial), a existência de indicadores bem construídos permite não apenas a avaliação da atuação desses departamentos, como também um amplo alinhamento entre todos eles para que, ainda que construam seus próprios indicadores de desempenho, caminhem no mesmo sentido e em sintonia com os objetivos da empresa que incorporam.

A esse respeito bem esclarece Pedro Flach Junior, ao dizer que:

> É dentro desta dinâmica que as empresas devem pautar suas estratégias, ser inovadoras, organizar e gerir seus esforços e, ainda, gerenciar suas atividades. O alinhamento organizacional é, dentro da estrutura empresarial, a chave para que todos os profissionais de um mesmo empreendimento foquem suas iniciativas. Ainda, todas as células específicas e especializadas do negócio – departamentos – também devem estar alinhadas[9].

Dessa forma, fica evidente que a utilização de indicadores de desempenho pode trazer valiosos benefícios para a gestão e para a condução das atividades empresariais e de seus departamentos.

Porém, deve-se ter cautela ao criar um indicador dentro do ambiente corporativo para que ele não seja apenas mais um instrumento de governança corporativa voltado a avaliar departamentos e colaboradores, mas que possa também ser construído de forma estratégica para a empresa, agregando valor e influenciando positivamente em seu resultado.

Há, ainda, outro ponto de atenção quando se fala na criação de indicadores que é o excesso de monitoramento. Para Grace Silva Almeida[10], diante dos benefícios que se pode constatar com a construção e uso de indicadores, deve-se ter cuidado para não se querer utilizá-los para tudo que se possa medir, pois

[9] FLACH, Junior, Pedro. **Indicadores de Desempenho em um Departamento Jurídico: um roteiro para sua construção.** Porto Alegre: 2015. 78.f. Dissertação (Mestrado Profissional em Gestão em Negócios) – Universidade do Vale do Rio dos Sinos – UNISINOS. Porto Alegre: 2015. Disponível em: http://www.repositorio.jesuita.org.br. Acesso em: 22 set. 2020.

[10] Conforme: ALMEIDA, Grace Silva. **Desafios do Departamento Jurídico no Contexto Empresarial –Gestão Através da Construção de Indicadores de Desempenho**. São Paulo, 2018. 27f. Trabalho de conclusão de curso (Pós-graduação Stricto Sensu em Direito Empresarial – LLC) – Insper, 2018. Disponível em: http://dspace.insper.edu.br/xmlui/handle/11224/2423. Acesso em: 22 set. 2020.

isso gera ineficiência e os indicadores passam a ser irrelevantes para a empresa. A esse respeito, esclarece Leonardo Sarem que:

> Se de um lado não se concebe mais uma empresa que não tenha alguma maneira de medir as questões jurídicas, de outro não se aceita (por ser ineficiente) a que "mede tudo", pois – medindo tudo – pouco se aplicará na prática (além do esforço, da energia, do tempo e do custo "jogados fora".[11]

Dessa forma, fica claro que a construção e a utilização de indicadores são poderosos instrumentos para a administração empresarial desde que sejam empregados de forma eficiente e estratégica e não apenas *pro forma* ou em todas a situações possíveis, sob pena de tornar seu processo de criação uma burocracia corporativa que pouco gera valor.

O departamento jurídico não é uma exceção nesse contexto, pois, enquanto área pertencente à estrutura empresarial, também deve levar em consideração todos os cuidados necessários para construir seus indicadores de forma eficaz, mantendo uma gestão coerente e uma estratégia alinhada aos objetivos do negócio. E para que isso se torne possível, Fernando Magalhães Modé[12] sugere algumas questões que devem ser inicialmente respondidas como "Quais são as principais características da empresa em que o departamento jurídico se insere? Quais são os principais processos? Quais são as estratégias? Qual é a estru-

[11] LEITE, Leonardo Barém. **Como Avaliar o Departamento Jurídico das Empresas**. JOTA, São Paulo, mar.2017. Disponível em:https://www.jota.info/paywall?redirect_to=//www.jota.info/opiniao-e-analise/artigos/como-avaliar-os-departamentos-juridicos-das-empresas-08032017. Acesso sem 22. set. 2020.

[12] MODÉ, Fernando Magalhães. O Boticário: indicadores de desempenho do departamento jurídico. *In*: SELEM, Lara; LEITE, Leonardo Barém. Leonardo Barém (coord.) **Gestão Estratégica do Departamento Jurídico Moderno:** caminhos para excelência e forma de inseri-los nas decisões empresariais. Curitiba: Juruá, 2010.

tura funcional? Para onde a organização está caminhando? Qual é a visão do negócio?".

Isso porque, mesmo que as respostas para esses questionamentos pareçam elementares, é de suma importância para o departamento jurídico ter clareza dessas e de outras repostas que lhe permitam enxergar a realidade de seu papel e do que se espera dele dentro do negócio. E entender a realidade é ter informações padronizadas a respeito de quantos processos e contratos a área conduz, quais são suas principais causas, qual o custo envolvido (custas processuais, condenações, honorários advocatícios, despesas com viagem), orçamento, entre outras informações que sejam cruciais para que o departamento crie indicadores que o permitam atacar e monitorar seus maiores problemas e, também, adequar sua atuação à estratégia da companhia.

Um bom exemplo de como o departamento jurídico pode criar indicadores eficazes em solucionar suas próprias demandas e, ao mesmo tempo, contribuir para o resultado da empresa é por meio de uma análise financeira. Conforme já mencionado, a manutenção do departamento jurídico e as condenações de processos representam um alto gasto para as empresas, de modo que identificar a temática processual com maior valor envolvido para a companhia e criar um indicador de êxito nesses casos pode, por exemplo, dar ensejo a criação de uma política de acordos que encerrará os processos em menor tempo e com menor custo para a área jurídica e, consequentemente, para a empresa.

Dessa maneira, o departamento jurídico pode e deve fazer bom uso de indicadores de desempenho para gerenciar suas atividades e para estar alinhado à estratégia e aos objetivos da organização, devendo se atentar para que esse seja um mecanismo preciso, capaz de gerar eficiência e não mais um relatório de acompanhamento.

3. O uso da Jurimetria na criação e monitoramento de indicadores jurídicos

A Jurimetria e os indicadores jurídicos estão intimamente relacionados na medida em que um torna o outro mais eficaz. Porém, para que seja possível explicar tal relação, é preciso primeiramente esclarecer o que é a Jurimetria e de que forma podemos utilizá-la dentro dos departamentos jurídicos.

Nesse sentido, Marcelo Guedes Nunes[13] define a Jurimetria como "a disciplina do conhecimento que utiliza a metodologia estatística para investigar o funcionamento de uma ordem jurídica". Esclarece, ainda, o mesmo autor que:

> o objeto da Jurimetria não é a norma jurídica isoladamente considerada, mas sim a norma jurídica articulada, de um lado, como resultado (efeito) do comportamento dos reguladores e, de outro, como estímulo (causa) no comportamento de seus destinatários.[14]

Assim, a jurimetria, conforme explica Lúcio Rangel Alves Ortiz[15], é uma área do conhecimento que busca, por meio de modelos estatísticos, compreender a aplicação da norma jurídica ao plano concreto, ou seja, levar em consideração em sua análise todos os fatores que podem interferir na cria-

[13] NUNES, Marcelo Guedes. **Jurimetria:** como a estatística pode reinventar o Direito. São Paulo: Editora Revista dos Tribunais, 2016, p. 115.

[14] NUNES, Marcelo Guedes. **Jurimetria:** como a estatística pode reinventar o Direito. São Paulo: Editora Revista dos Tribunais, 2016, p. 115.

[15] Conforme: ORTIZ, Lúcio Rangel Alves. **A Jurimetria e o Direito Concursal Brasileiro**. mar. 2013. Disponível em: https://ambitojuridico.com.br/edicoes/revista-110/a-jurimetria-e-o-direito-concursal-brasileiro/#:~:text=Resumo%3A%20A%20jurimetria%20%C3%A9%20a,recupera%C3%A7%C3%A3o%20empresarial%20no%20direito%20concursal.&text=Por%20isso%20a%20jurimetria%20do,estudos%20e%20solidifica%C3%A7%C3%A3o%20do%20conhecimento. Acesso em: 07 out. 2020.

ção de leis e quais os desdobramentos de sua aplicação prática por operadores e julgadores, considerando inclusive as peculiaridades de cada caso e outros elementos subjetivos que possam influenciar o processo como, por exemplo, crenças religiosas, valores pessoais e histórico de vivência dos envolvidos.

É preciso esclarecer, ainda, que o conceito de jurimetria muitas vezes se difunde associado a ideia de automatização do Direito ou mesmo como resultado do uso da informática e de novas tecnologias associadas a ele, porém essa relação é equivocada. Realizar um estudo jurimétrico, como já mencionado, implica usar princípios estatísticos para analisar o funcionamento do mundo jurídico na prática, de modo que o uso da informática ou de um computador no processo não é uma obrigatoriedade ou uma condição fundamental intrínseca, mas sim um mero facilitador do processo de estudo, uma vez que essas ferramentas inegavelmente possuem maior eficiência na análise e armazenamento de dados.

O uso da tecnologia no meio jurídico, todavia, contribuiu para a difusão da jurimetria, pois permitiu o surgimento de diversas empresas de *softwares* que extraem informações de bancos de dados *online* ou até mesmo das próprias páginas dos tribunais na internet e disponibilizam de forma facilitada para que os operadores do Direito possam realizar seu próprio estudo jurimétrico.

Uma vez compreendida a definição de jurimetria, sua metodologia e o que ela se propõe a entregar, a sua relação com os indicadores de desempenho jurídico fica mais evidente na medida em que o uso da jurimetria proporciona maior assertividade e clareza na gestão e condução dos processos judiciais, ao passo que os indicadores, quando empregados adequadamente, oferecem o mesmo resultado para a gestão e a estratégia do departamento jurídico.

A realidade, então, é que um pode ser entendido como consequência do outro, pois ter um mecanismo que permita enxergar previamente os possíveis resultados de um processo indubitavelmente faz com que a gestão do departamento jurídico construa indicadores mais eficientes para tomada de decisões, seja em relação ao processo em si, seja em relação aos demais fatores que envolvem a sua gestão como orçamento e pessoal dedicado.

Os indicadores jurídicos, porém, não são uma decorrência necessária do que se pode apurar no departamento jurídico com o uso da jurimetria, uma vez que a sua criação pode se dar de forma totalmente desassociada dessa ferramenta como, por exemplo, a construção de um indicador que aponte a quantidade média mensal de contratos analisados pelo departamento em 2020 seria possível apenas com base na divisão do total de contratos analisados no ano pelo número de meses.

A jurimetria, apesar de não ser necessária para a construção do indicador exemplificado acima, poderia contribuir para sua gestão e planejamento. Isso porque, um eventual aumento na demanda contratual em um determinado mês poderia ser explicado por um estudo jurimétrico que apontasse a entrada em vigor, no mês anterior, de uma legislação que ensejou uma série de revisões de minutas. Em posse de tais informações e com o uso da jurimetria, o departamento poderia, ainda, avaliar o impacto efetivo dessa alteração na lei, no entendimento dos tribunais e definir se as revisões contratuais são de fato necessárias ou não.

O que se pretende demonstrar aqui é que a criação de um indicador jurídico não é uma tarefa simples e que, para que ela seja bem sucedida, é preciso avaliar diversos fatores que possam interferir direta e indiretamente em sua efetividade como a ordem jurídica, "o contexto em que a empresa está inserida, o segmento em que atua, as demandas, as atividades dos profissionais e áreas envolvidas em cada questão"[16]. E, no que tange a análise de como a publicação de uma determinada lei ou o entendimento dos tribunais podem interferir na dinâmica do departamento jurídico e na criação de seus indicadores jurídicos, a jurimetria é uma ferramenta que contribui para esse trabalho.

Os indicadores jurídicos, todavia, são inúmeros e abordar como a jurimetria poderia ser utilizada para a criação de cada um deles seria uma tarefa infindável. Dessa forma, a discussão do presente trabalho dará enfoque a dois grupos de indicadores que, conforme já abordado, são os mais relevantes quando se trata da avaliação do departamento jurídico dentro do ambiente corporativo que são: indicadores financeiros e indicadores de eficiência operacional.

3.1. Jurimetria e os indicadores financeiros

Quando se fala em indicador financeiro, seja para uma empresa, seja para um de seus departamentos, o principal fator de preocupação é garantir que o orçamento seja cumprido conforme o planejado. A fim de garantir que todos os gastos estejam dentro do que foi orçado, a busca pela redução de custos e despesas é uma realidade constante, sem que, para isso, se perca a qualidade do trabalho nas entregas que precisam ser feitas.

O departamento jurídico, tido no ambiente corporativo como um centro de custo e não de lucro, costuma se destacar pelos altos valores envolvidos no desempenho de sua atividade como, por exemplo, custos com honorários advocatícios, custas

[16] Almeida, Grace Silva. **Desafios do Departamento Jurídico no Contexto Empresarial – Gestão Através da Construção de Indicadores de Desempenho.** São Paulo, 2018. 27f. Trabalho de conclusão de curso (Pós-graduação Stricto Sensu em Direito Empresarial – LLC) – Insper, 2018. Disponível em: http://dspace.insper.edu.br/xmlui/handle/11224/2423. Acesso em: 22 set. 2020.

processuais, condenações, além da própria manutenção de sua estrutura interna. Fernando Magalhães Modé[17], no mesmo sentido, afirma que "O cumprimento do orçamento proposto, bem como a busca incessante pela redução de custos (fazer mais com menos) são a tônica de toda atividade empresarial, não sendo indiferente à assessoria jurídica".

Os indicadores financeiros, para que possam regular a adequação das atividades jurídicas ao orçamento da área e apresentar oportunidades de redução de custos, devem olhar para os valores despendidos com custas processuais, serviços administrativos, pagamentos de condenações, honorários advocatícios de escritórios parceiros, bem como garantir que haja uma estimativa adequada de valores que poderão ser despendidos no futuro para quitar as quantias previstas, bem como para efetuar o pagamento dos casos com risco provável de perda (provisão).

Nesse sentido, Ana Claudia Rebello defende que:

> Do ponto de vista do negócio, a adequada gestão dos processos inclui também o controle rigoroso de suas contingências judiciais, mediante uma reavaliação constante dos riscos envolvidos em cada ação. É extremamente relevante conhecer o impacto dos processos judiciais no resultado da Companhia, estando ciente da responsabilidade civil e criminal em virtude das informações prestadas, levando-se em conta que são ferramentas utilizadas por acionistas, investidores, bancos e credores em geral.[18]

[17] MODÉ, Fernando Magalhães. O Boticário: indicadores de desempenho do departamento jurídico. *In*: SELEM, Lara; LEITE, Leonardo Barém. Leonardo Barém (coord.) **Gestão Estratégica do Departamento Jurídico Moderno:** caminhos para excelência e forma de inseri-los nas decisões empresariais. Curitiba: Juruá, 2010, p. 355.

[18] REBELLO, Ana Claudia. **Inovação do departamento jurídico: traçando metas, focando em resultados e reduzindo custos**. Disponível em: <https://www.estrategianaadvocacia.com.br/artigos2.asp?id=150#.WptvI2rwbcd>. Acesso em: 07 out. 2020.

Dessa forma, é de suma importância para a área jurídica construir e monitorar com especial atenção indicadores financeiros relacionados aos seus custos e que possam impactar em seu orçamento, pois eles são alguns dos principais critérios avaliativos do departamento perante a empresa, bem como são relevantes para que haja uma gestão jurídica eficiente.

A jurimetria, por sua vez, poderá ser utilizada para analisar e compreender a realidade dos processos e fatos jurídicos relevantes para o departamento, fornecendo dados a respeito da situação atual desses casos, como foram julgados temas similares e, ainda, fazer predições a respeito dos próximos passos de cada um deles. O uso desse instrumento, então, produzirá diversos dados a respeito das demandas da área jurídica, os quais serão de grande valia para a criação de indicadores financeiros na medida em que permitem a identificação de oportunidades de redução de custos de forma direta, como também geram *insights* para que se possa construir uma estratégia mais rentável para a organização diante de um cenário que seja desfavorável.

Alguns exemplos de informações que podem ser auferidas com o uso da jurimetria e servir de matéria prima para a criação de indicadores financeiros são (i) a chance de êxito dos principais processos da base do departamento, que permitirá entender o risco de perda de cada caso e em quais deles valeria litigar até o final ou se seria mais proveitoso celebrar um acordo; (ii) o valor médio gasto em condenação de casos similares aos que o departamento possui, possibilitando, em conjunto com os dados de chance de êxito, a construção de uma provisão adequada; (iii) a duração estimada de cada processo, contribuindo para a construção do orçamento da área e também para que sejam negociados contratos de honorários advocatícios com melhores valores para a empresa; (iv) o gasto efetivo com custas processuais e despesas administrativas ao longo do tempo em cada caso gerido pela área; entre outros.

Um exemplo prático dessa relação entre indicadores e jurimetria pode ser a realização de um estudo que constate que os processos de consumidor de uma determinada empresa possuem uma condenação média em primeira instância de R$ 5.000,00 e que a taxa de êxito desses casos é de 30%. Diante de tais informações providas pelo uso da jurimetria, o departamento jurídico pode criar um indicador para apurar e metrificar o benefício financeiro que seria obtido com a realização de acordos prévios nesses processos, considerando que seria possível negociar valores inferiores ao de uma possível condenação, bem como reduzir as quantias despendidas com honorários advocatícios e custas processuais.

Cabe destacar aqui que esse é apenas um exemplo simplista que busca elucidar uma das diversas formas pelas quais a interação entre a jurimetria e os indicadores financeiros de um departamento jurídico pode funcionar, pois quando se fala em celebrar um acordo judicial há diversos outros fatores que se deve levar em consideração como a possibilidade de criação de um precedente e o risco para a reputação da empresa.

Dessa forma, considerando que os dados que podem ser obtidos com a jurimetria são inúmeros, variando de acordo com o escopo e recorte que se pretenda analisar, utilizaremos o quadro com sugestões de indicadores financeiros propostos por Grace Silva Almeida para exemplificar e, igualmente, sugerir alguns possíveis usos da jurimetria na criação e acompanhamento desses indicadores:

Quadro 01

Indicador	Forma de Apuração	Meta	Uso da Jurimetria
Gestão do risco passivo: judicial (trabalhista comercial etc)	Controle financeiro dos processos que representem risco financeiro para a empresa.	% de redução sobre total de contingências existentes. % sobre recuperação de receitas.	Permite calcular quais processos devem ser provisionados, quando e o valor a provisionar. **Análise:** chance de êxito, duração e valor médio de condenação de processos próprios e casos similares.
Despesas decorrentes de postulação em juízo (R$)	Controle financeiro das despesas decorrentes dos processos.	% de redução sobre o total dessas despesas apuradas no ano anterior.	Permite calcular gasto médio de custas processuais por processo, de acordo com o assunto e/ou procedimento. **Análise:** gasto médio de custas processuais em processos próprios e casos similares.
Despesas Administrativas (por. ex gastos com os escritórios ou com outros prestadores de serviços)	% de redução do orçamento necessário suprir as despesas.	Ficar abaixo ou não ultrapassar o orçamento previsto. Buscar alternativas para empregar menor quantidade de recursos.	Permite identificar os casos em que seria mais benéfico celebrar acordo para reduzir gastos com despesas administrativas e calcular a duração média dos processos, permitindo negociar honorários advocatícios com maior acurácia. **Análise:** chance de êxito, duração e valor médio de condenação de processos próprios e casos similares.
Passivo Contingente	% de redução de processos judiciais comparado ao mês anterior.	Reduzir o passivo contingente.	Permite identificar as teses e conjunto probatório mais exitosos para melhor a taxa de sucesso, além de identificar os casos em que seria mais proveitoso celebrar acordo, reduzindo o contingente de processos. **Análise:** entendimento judicial sobre as teses utilizadas, qualidade das provas apresentadas, chance de êxito, valor de condenação e duração média.
Benefício por Acordos	Diferença entre valor estimado de perda e valor do acordo realizado no processo.	Estar abaixo do valor provável de perda.	Permite identificar os casos em que seria mais benéfico para a empresa celebrar acordo. **Análise:** chance de êxito, qualidade das provas apresentadas, valor de condenação, duração média em casos próprios e processos similares

Fonte: Adaptado de ALMEIDA, Grace Silva. **Desafios do Departamento Jurídico no Contexto Empresarial – Gestão Através da Construção de Indicadores de Desempenho**. São Paulo, 2018. 27f. Trabalho de conclusão de curso (Pós-graduação Stricto Sensu em Direito Empresarial – LLC) – Insper, 2018. Disponível em: http://dspace.insper.edu.br/xmlui/handle/11224/2423. Acesso em: 02 out. 2020.

Deve-se esclarecer que as particularidades de cada departamento jurídico, da organização e do negócio podem modificar as hipóteses levantadas, não tendo o presente trabalho a pretensão de esgotar o tema, mas sim sugerir boas práticas e indicar como a jurimetria pode agregar valor à construção dos indicadores mencionados acima.

A jurimetria, portanto, é uma ferramenta que pode trazer diversos ganhos financeiros para o departamento jurídico por oferecer dados e informações relevantes para que ele crie e monitore seus indicadores e, assim, encontre oportunidades eficazes de reduzir seus custos, devolvendo valores não gastos de seu orçamento para a organização a que pertence e, até mesmo, rentabilizar quantias levantadas em ações de cobrança, por exemplo.

3.2. Jurimetria e os indicadores de eficiência operacional

A atuação do departamento jurídico, dentro do contexto empresarial atual, deve ser a de um parceiro de negócios (*business partner*). E para que a área jurídica esteja pronta para desempenhar esse papel dentro da empresa é fundamental que seus membros tenham conhecimento do negócio e do mercado em que estão atuando, para que possam identificar eventuais falhas nos processos, propor ações efetivas, sugerir melhorias ou ajustes que simplifiquem a atividade empresarial, ou seja, para que possam contribuir de maneira consistente para o funcionamento e sucesso da organização.

Nesse sentido, a Fenalaw, em artigo publicado pela sua redação editorial, discutiu a atuação do departamento jurídico como *business partner*, defendendo que:

> O trabalho do departamento jurídico realizado a partir dessa estreita relação com o negócio é, atualmente, a forma mais eficiente de atuação dessa equipe. Conhecer fontes de receita e des-

pesa, processos, procedimentos internos, competência e missão de cada área é o mínimo que o departamento deve fazer para que contribua efetivamente na produção de resultados. É o chamado "Jurídico sem gravata", que transita em todas as equipes.[19]

Portanto, não há mais espaço no ambiente corporativo para um departamento jurídico que atue apenas sob demanda, pelo contrário, o jurídico interno deve atuar próximo aos seus *stakeholders* e ao negócio, para que possa agregar valor à operação da empresa com uma assessoria ativa e qualificada.

Todavia, para que a área jurídica possa atender a demanda interna é preciso que ela não tenha grande parte de suas horas de trabalho sugadas por tarefas administrativas e procedimentos burocráticos, pois um departamento jurídico engessado operacionalmente dificilmente terá disponibilidade para realizar as atividades jurídicas que lhe competem e também atuar ao lado de seus clientes internos e externos.

É nesse contexto que surge a necessidade de criação de indicadores de eficiência operacional que permitam que a área jurídica exerça uma boa governança de suas demandas, procedimentos e tempo, bem como que ela consiga identificar gargalos operacionais que atrapalhem sua atuação como *business partner*.

O time contencioso pode, por exemplo, avaliar o tempo que é gasto com a obtenção de provas em seus processos mais recorrentes e constatar que o prazo para que a área responsável envie todos os documentos é de semanas, restando poucos dias para trabalhar na defesa efetivamente. Essa é uma típica situação de gargalo operacional, pois a demora no envio faz com que o advogado responsável tenha que cobrar repetidamente o envio

19 FENALAW DIGITAL. **Como o advogado pode atuar como Business Partner**. São Paulo, 2018. Disponível em: https://digital.fenalaw.com.br/gest-o/como-o-advogado-pode-atuar-como-business-partner. Acesso em: 06 out. 2020.

dos documentos e informações necessários, tendo seu tempo excessivamente gasto com questões administrativas. Esse problema poderá ser solucionado com a criação de um indicador que fixe um prazo adequado para que o departamento responsável envie as provas sem ficar sobrecarregado, mas também sem onerar o departamento jurídico.

Os indicadores de eficiência operacional, então, podem ser entendidos como aqueles que vão mensurar a eficiência de processo e produtividade do departamento jurídico.

Desenvolver um indicador como esse exige que se compreenda, como já mencionado, a operação do negócio, mas também quais são os maiores problemas e riscos da atividade, pois serão eles que mais demandarão a área jurídica. Conhecer esses fatores acaba sendo fundamental por permitir a adoção de ações preventivas que visem sanar ou reduzir os riscos, bem como para que se tenha conhecimento dos assuntos que devem ser priorizados, culminando em um planejamento estratégico e em maior eficiência operacional[20].

Uma indústria de bens de consumo, por exemplo, certamente terá como uma de suas maiores demandas e como um de seus maiores riscos as discussões consumeristas, ao passo que uma empresa do varejo, por sua vez, muito provavelmente terá como seu maior risco nas demandas trabalhistas a discussão de horas extras.

A ferramenta da jurimetria pode se encaixar exatamente nesse contexto, pois ela pode ser empregada na fase analítica de construção desses indicadores, ou seja, no mapeamento dos maiores riscos e das demandas mais recorrentes no escopo do

[20] Conforme: MODÉ, Fernando Magalhães. O Boticário: indicadores de desempenho do departamento jurídico. *In*: SELEM, Lara; LEITE, Leonardo Barém. Leonardo Barém (coord.) **Gestão Estratégica do Departamento Jurídico Moderno:** caminhos para excelência e forma de inseri-los nas decisões empresariais. Curitiba: Juruá, 2010.

departamento jurídico. Isso porque, ela vai utilizar as informações dos processos judiciais dos departamentos jurídicos, da legislação e dos tribunais para produzir dados que poderão tanto indicar onde o departamento está consumindo seu tempo sem obter resultados, quanto onde ou o que ele poderia fazer para otimizar seu desempenho, atuando com maior qualidade.

A jurimetria pode, em linhas gerais e exemplificativas, evidenciar para a equipe de contratos que contratos mais objetivos e visuais para um determinado assunto faz com que se obtenha melhores resultados em uma discussão judicial, demonstra para a equipe do contencioso em qual elemento de prova vale despender mais tempo para se obter porque costuma ser melhor aceita pelo judiciário e, até mesmo, quando fazer um acordo para solucionar a questão de forma mais rápida.

Dessa forma, o departamento jurídico terá mais dados e informações mais precisas para que saiba onde e quais são seus problemas e oportunidades operacionais e, assim, crie indicadores que levem, de fato, a uma maior eficiência e melhor governança.

Retomando os dois exemplos acima a fim de trazer elementos práticos à explanação, a jurimetria poderia ser empregada pelo jurídico interno da indústria de bens de consumo no estudo da carteira de seus processos de questões consumeristas para apurar o valor de condenação efetivo. A comparação dessas informações com os valores necessários para manutenção dos processos (honorários advocatícios e periciais e custas judiciais) levaria a construção de um indicador para determinar se é eficiente ou não litigar nesses casos, pois caso o custo para acompanhamento seja maior que o valor de risco efetivo, o melhor caminho a seguir é o do acordo judicial. O uso da jurimetria permite, ainda, apurar o risco de formação de precedente no caso de composição, robustecendo ainda mais a análise e concedendo mais segurança para o jurídico interno na tomada de decisão.

No outro exemplo, que cita reclamações trabalhistas de uma empresa de varejo, a área jurídica pode fazer uso da jurimetria para apurar quais são as provas que apresentam maior êxito em afastar o pedido de horas extras. Esses elementos probatórios serão, então, imprescindíveis e deverão ser enviados para o jurídico no prazo de um dia útil da solicitação (indicador de efetividade operacional), para que os advogados responsáveis possam avaliar as chances de êxito e calcular o passivo trabalhista que deve ser contingenciado.

Os exemplos e proposições feitos acima, cabe destacar, têm o condão de elucidar e trazer maior concretude aos conceitos abordados, não tendo qualquer pretensão de esgotar o tema e podendo variar de um departamento jurídico para outro, a depender de como a jurimetria foi utilizada, quais indicadores foram criados e qual é o negócio e mercado da empresa em questão.

Sendo assim, a jurimetria vai produzir dados estatísticos que demonstrem para o departamento jurídico onde ele deve empregar seus esforços para ser mais efetivo e, consequentemente, onde está sendo improdutivo ao focar suas energias. A área jurídica saberá com maior precisão, então, para onde olhar para criar seus indicadores de eficiência operacional e quais deles devem monitorar com maior atenção.

Conclusões

O departamento jurídico corporativo experimentou diversas mudanças na sua estrutura e forma de atuação nas últimas décadas, passando por um período em que praticamente copiava o papel dos escritórios de advocacia dentro da empresa, seguindo para um momento em que se optou por terceirizar essa atividade para cortar custos até, finalmente, chegar ao modelo mais recorrente nas organizações, onde o jurídico interno atua em conjunto e gerindo os escritórios de advocacia terceiros. Alterações essas que foram motivadas pela ausência de suporte da área jurídica ao empresário no momento da tomada de decisão e de assunção de riscos.

Dessa forma, o jurídico interno atuando como área de negócios no ambiente corporativo passa a ter seu desempenho avaliado com base em indicadores, os quais deverão ser criados e monitorados de forma eficaz para que cumpram sua função de gerar valor e trazer mais eficiência para a própria área e para a empresa. Os indicadores de desempenho, além de serem um válido mecanismo para que o departamento jurídico possa demonstrar seus resultados para a organização, também se apresentam como uma ferramenta de gestão que permite identificar oportunidades de otimização de processos e mensurar a performance dentro da própria área, destacando-se como dois dos principais indicadores o financeiro e o de eficiência operacional.

A jurimetria, nesse contexto, é uma importante ferramenta, pois ela vai utilizar métodos estatísticos para analisar os processos, juízes, decisões, as partes e, com base nisso, gerar dados concretos para os departamentos jurídicos, permitindo a construção de probabilidades, predições e identificação de risco. Em posse desses dados, a área jurídica tem melhores elementos para construir seus indicadores, pois conhecer com antecedência o risco de perda e custo de seus processos, por exemplo, permite a construção de uma provisão mais factível e adequada (indicador financeiro), bem como a criação de uma política de acordos pautada em um indicador de eficiência operacional (custo de condenação efetivo > custo de manutenção do processo).

Portanto, é fundamental para o departamento jurídico moderno criar e monitorar seus indicadores de desempenho, sobretudo os financeiros e de eficiência, para que ele possa contribuir de forma efetiva para a sua organização, sendo a jurimetria um instrumento que deve ser utilizado nesse processo pela sua capacidade de gerar dados, probabilidades e predições concretas a respeito dos assuntos jurídicos, elementos valiosos quando se trata de governança e gestão estratégica.

Referências

ABJ – ASSOCIAÇÃO BRASILEIRA DE JURIMETRIA. Disponível em: https://abj.org.br/o-que-e-jurimetria/. Acesso em: 28 set. 2020.

ALMEIDA, Grace Silva. **Desafios do Departamento Jurídico no Contexto Empresarial**
– Gestão Através da Construção de Indicadores de Desempenho. São Paulo, 2018. 27f. Trabalho de conclusão de curso (Pós-graduação Stricto Sensu em Direito Empresarial – LLC) – Insper, 2018. Disponível em: http://dspace.insper.edu.br/xmlui/handle/11224/2423. Acesso em: 22 set. 2020.

CORRÊA, Lucas Duarte. **A renovação na forma de atuação dos departamentos jurídicos corporativos diante da demanda por redução de custos e aumento na excelência do atendimento ao cliente interno.** São Paulo, 2018. 27f. Trabalho de conclusão de curso (Pós-graduação Stricto Sensu em Direito Empresarial – LLC) – Insper, 2018.

FENALAW DIGITAL. **Como o advogado pode atuar como Business Partner**. São Paulo, 2018. Disponível em: https://digital.fenalaw.com.br/gest-o/como-o-advogado-pode-atuar-como-business-partner. Acesso em: 06 out. 2020.

FLACH, Junior, Pedro. **Indicadores de Desempenho em um Departamento Jurídico: um roteiro para sua construção**. Porto Alegre: 2015. 78.f. Dissertação (Mestrado Profissional em Gestão em Negócios) – Universidade do Vale do Rio dos Sinos – UNISINOS. Porto Alegre: 2015. Disponível em: http://www.repositorio.jesuita.org.br. Acesso em: 22 set. 2020.

HADDAD, Ricardo Nussrala. **A motivação das decisões judiciais e a jurimetria**: contribuições possíveis. Trabalho publicado nos Anais do XIX Encontro Nacional do CONPEDI realizado em Fortaleza – CE nos dias 09, 10, 11 e 12 de Junho de 2010.

LEITE, Leonardo Sarem. **Como Avaliar o Departamento Jurídico das Empresas. JOTA,** São Paulo, mar.2017. Disponível em: https://www.jota.info/paywall?redirect_to=//www.jota.info/opiniao-e-analise/artigos/como-avaliar-os-departamentos-juridicos-das-empresas-08032017. Acesso em 22. set. 2020.

MODÉ, Fernando Magalhães. O Boticário: indicadores de desempenho do departamento jurídico. *In*: SELEM, Lara; LEITE, Leonardo Barém. Leonardo Barém (coord.) **Gestão Estratégica do Departamento Jurídico Moderno:** caminhos para excelência e forma de inseri-los nas decisões empresariais. Curitiba: Juruá, 2010.

MORAES DOS SANTOS, Júlio Cesar. Aché. A Gestão do Departamento Jurídico de Uma Empresa em Transição para a Administração Profissionalizada *In:* SELEM, Lara; LEITE, Leonardo Barém. Leonardo Barém (coord.) **Gestão Estratégica do Departamento Jurídico Moderno:** caminhos para excelência e forma de inseri-los nas decisões empresariais. Curitiba: Juruá, 2010.

NUNES, Marcelo Guedes. **Jurimetria: como a estatística pode reinventar o Direito**. São Paulo: Editora Revista dos Tribunais, 2016.

ORTIZ, Lúcio Rangel Alves. **A Jurimetria e o Direito Concursal Brasileiro**. mar. 2013. Disponível em: https://ambitojuridico.com.br/edicoes/revista-110/a-jurimetria-e-o-direito-concursal-brasileiro/#:~:text=Resumo%3A%20A%20jurimetria%20%C3%A9%20a,recupera%C3%A7%C3%A3o%20empresarial%20no%20direito%20concursal.&text=Por%20isso%20a%20jurimetria%20do,estudos%20e%20solidifica%C3%A7%C3%A3o%20do%20conhecimento. Acesso em: 07 out. 2020.

REBELLO, Ana Claudia. **Inovação do departamento jurídico: traçando metas, focando em resultados e reduzindo custos**. Disponível em: https://www.estrategianaadvocacia.com.br/artigos2.asp?id=150#.WptvI2rwbcd. Acesso em: 07 out. 2020.

SANCHEZ PERES, Teresa Cristina Gomes, COMAU, O Novo Departamento Jurídico no Mundo Corporativa Moderno. *In:* SELEM, Lara; LEITE, Leonardo Barém. Leonardo Barém (coord.) **Gestão Estratégica do Departamento Jurídico Moderno:** caminhos para excelência e forma de inseri-los nas decisões empresariais. Curitiba: Juruá, 2010.

VILLA, Pedro Paulo. Katoen Natie do Brasil Gestão Jurídica. *In:* SELEM, Lara; LEITE, Leonardo Barém. Leonardo Barém (coord.) **Gestão Estratégica do Departamento Jurídico Moderno:** caminhos para excelência e forma de inseri-los nas decisões empresariais. Curitiba: Juruá, 2010.

O CONSENTIMENTO INFORMADO COMO AUTORIZADOR PARA O TRATAMENTO DE DADOS SENSÍVEIS DE SAÚDE OBTIDOS POR MEIO DE DISPOSITIVOS ELETRÔNICOS COTIDIANOS

Felipe Vanderlinde Schiavon

Introdução

Em novembro de 2019, foi publicado na Revista *New England Medical Journal* estudo liderado pelo Dr. Marco V. Perez, da *Stanford University*, em parceria com a companhia Apple Inc. Ao longo de 8 meses, aproximadamente 420 mil participantes usuários do equipamento Apple Watch foram monitorados continuadamente, com o objetivo de identificar alteração de ritmo cardíaco, como fibrilação atrial, por meio do equipamento *smartwatch* e seu respectivo aplicativo, alteração esta considerada uma das grandes causas de infarto[1].

Contemporaneamente ao estudo do Dr. Marco V. Perez, em fevereiro de 2020 foi publicado na Revista *Lancet Digital Health* outro estudo médico, realizado pelos Drs. Jennifer M. Radin, Nathan E. Wineinger, Eric J. Topol e Steven R Steinhubl, em que

[1] PEREZ, Marco V. *et al. Large-Scale Assessment of a Smartwatch to Identify Atrial Fibrillation.* ***The New England Journal of Medicine***, v. 381, n. 20, p. 1909-1917, nov. 2019.

se constatou, após a análise de 200 mil pacientes que usaram o dispositivo *smartwatch* Fitbit, a possibilidade de identificação de infecções agudas (e.g. Influenza e COVID-19), na medida em que os dados coletados pelo relógio poderiam indicar a elevação na frequência cardíaca em repouso (*resting heart rate – RHR*), a qual é um dos sinais causados pelas infecções[2].

A importância de referidos estudos à população e à comunidade científica é, deveras, ímpar, dado que, por meio de um equipamento de uso cotidiano, podem ser identificados riscos eminentes à saúde do usuário, podendo o *software* avisá-lo e, até mesmo, orientá-lo sobre ações preventivas ao ataque cardíaco, indicação de consulta médica ou, ainda, ida imediata ao hospital.

Portanto, há evidente potencial de salvar vidas se comprovada a capacidade de *smartwatches*, ou mesmo outros equipamentos que foram incorporados ao cotidiano das pessoas, de monitorar riscos à saúde.

Os *smartwatches* que podem medir determinadas características da saúde do usuário estão inseridos em um conceito maior que cada vez mais tem ganhado força na comunidade médica: *e-Health*, definido, pela Organização Mundial da Saúde, como "*the cost-effective and secure use of information and communications technologies in support of health and health-related fields, including health-care services, health surveillance, health literature, and health education, knowledge and research [...]*"[3].

[2] RADIN, Jennifer M, WINEINGER, Nathan E.,TOPOL, Eric J., STEINHUBL, Steven R. *Large-Scale Assessment of a Smartwatch to Identify Atrial Fibrillation.* ***Lancet Digital Health***, v. 2, p.e85, fev. 2020.

[3] ORGANIZAÇÃO MUNDIAL DA SAÚDE. ***Resolution WHA58.33. Sustainable health financing, universal coverage and social health insurance.*** *In: Fifty-eighth World Health Assembly, Resolutions and decisions annex*, Geneva, 16–25 Maio, 2005, p. 126. Disponível em: http://apps.who.int/gb/ebwha/pdf_files/WHA58-REC1/english/A58_2005_REC1-en.pdf. Acesso em: 6 mar.

A definição da Organização Mundial da Saúde sobre *e-Health* chama atenção no termo usado: "*secure use of information and communications*". Ora, a era da informação deu ensejo à produção de dados em velocidade ímpar, inclusive no âmbito da saúde, devendo esses dados ser regidos de acordo com os sistemas legais de proteção de dados de cada país, para garantir a segurança e a privacidade dos seus titulares.

Com efeito, os dois estudos médicos, os quais empregaram dispositivos móveis que medem aspectos da saúde, geram alguns questionamentos sobre a privacidade de dados: é legal o tratamento dos dados de saúde coletados pelos equipamentos do cotidiano? E mais: caso as empresas que coletaram os dados de saúde do usuário identifiquem, por meio de algoritmo desenvolvido, que o usuário tem de fato algum problema de saúde ou risco eminente de vida, ela possui o dever de informar, sob pena de caracterização de omissão? Quais os limites desse dever de informação? Deve essa informação ficar restrita tão somente ao empoderamento e fundamentação do processo de decisão do paciente, ou pode a empresa dar um passo adiante e sugerir tratamentos, e mais, fazer propaganda de hospitais, clínicas ou médicos conveniados?

Tais indagações devem ser analisadas à luz da Lei Geral de Proteção de Dados ("LGPD" – Lei Federal nº 13.709/2018) aprovada pelo Congresso Brasileiro e que entrou em vigor no segundo semestre de 2020. Nessa perspectiva, deve-se verificar se a LGPD traz limites para amparar de forma substancial o tratamento de dados relacionados à saúde.

É nesse contexto e limites que o presente artigo se debruçará. Assim, no primeiro capítulo, far-se-á uma breve delimi-

2020. Em tradução livre do autor: "o uso econômico e seguro de tecnologias da informação e comunicação em apoio à saúde e áreas relacionadas à saúde, incluindo serviços de saúde, vigilância em saúde, literatura em saúde e educação em saúde, conhecimento e pesquisa [...]".

tação dos conceitos trazidos pela LGPD, mais especificamente dados pessoais de saúde e consentimento. No segundo, serão trazidos os contornos do dever de transparência, será aprofundado o conceito de consentimento e sua operacionalização. Por fim, no terceiro, serão relacionados os conceitos estudados com os dados coletados por *smartwatches* e a possiblidade desses indicarem eventuais locais para tratamento.

Vale mencionar, ademais, que com a pandemia de COVID-19, ganhou especial relevância a questão de compartilhamento de dados pessoais sensíveis de saúde com o Estado, sem o consentimento do indivíduo, em verdadeira vigilância epidemiológica, ao argumento de que o artigo 11, inciso II, alínea "c", da LGPD permitiria o tratamento de dados pela administração pública, no caso de execução de políticas públicas. Tal como essa questão, a pandemia aflorou diversas outras relacionadas ao tratamento de dados. Contudo, o presente artigo não tem a pretensão de ser exaustivo e se restringirá à análise do tratamento de dados gerado por dispositivos móveis e quais os limites do controlador no tratamento desses dados.

Por último, cumpre ressaltar que o conceito de *e-health* abarca diversas questões sobre o tratamento de dados de saúde, como os relacionados aos dispositivos eletrônicos usados pela pessoa natural, ao prontuário médico eletrônico, ou, ainda, à telemedicina. Para fins de delimitação desse artigo, porém, permaneceremos restritos à discussão relacionada aos dados gerados por dispositivos móveis *smartwatches*.

1. O tratamento de dados pessoais sensíveis relacionados à saúde

A era da informação revolucionou as interações humanas e, por consequência, o Direito. Normas que antes eram suficientes para a garantia dos direitos fundamentais, como a dignidade da pessoa humana, a privacidade e a confidencialidade, se viram rapidamente obsoletas e incapazes de regular uma Sociedade em constante e acelerada transformação[4].

Dados gerados no ambiente digital foram rapidamente percebidos pelos *players* de mercado como um valioso instrumento capaz de revolucionar a produção de bens e serviços, levando-os a ter um maior nível de poder sobre a sociedade, na medida em que passaram a "*monitorar o comportamento presente e tendências futuras dos consumidores a partir do tratamento de seus dados pessoais*"[5]. Bem por isso, cunhou-se o termo de "economia de vigilância", como bem expõe Bruno Ricardo Bioni:

> Com a inteligência gerada pela ciência mercadológica, especialmente quanto à segmentação dos bens de consumo (marketing) e a sua promoção (publicidade), os dados pessoais dos cidadãos converteram-se em um fator vital para a engrenagem da economia da informação.

[4] Como bem observa Gabrielle Bezerra Sales Sarlet, "O modelo informacional alterou a gramática cultural da Sociedade, encetando novos conflitos ainda isentos de adequada regulamentação jurídica e impelindo uma análise a partir do princípio da dignidade da pessoa humana, dos direitos humanos e fundamentais previstos na maioria das constituições, sobretudo na brasileira, que, nessa medida, forjaram os alicerces éticos e jurídicos para uma investigação da sociedade informacional, enfatizando, portanto, a relevância pela busca por instrumentos adequados para assegurar, em uma perspectiva multinível, a integralidade dos direitos e das garantias à pessoa humana, dentro e fora do ambiente digital". (SARLET, Gabrielle Bezerra Sales. Notas sobre a Proteção dos Dados Pessoais na Sociedade Informacional na Perspectiva do Atual Sistema Normativo Brasileiro. *In*: LIMA, Cíntia Rosa Pereira de Lima. (coord.). **Comentários à Lei Geral de Proteção de Dados**: Lei n. 13.709/2018, com Alteração da Lei n. 13.853/2019. São Paulo: Almedina, 2020, p. 19, E-book).

[5] BENACCHIO, Marcelo, MACIEL, Renata Mota. A LGPD sob a perspectiva da regulação do Poder Econômico. *In*: LIMA, Cíntia Rosa Pereira de Lima. (coord.). **Comentários à Lei Geral de Proteção de Dados**: Lei n. 13.709/2018, com Alteração da Lei n. 13.853/2019. São Paulo: Almedina, 2020, p. 39, E-book.)

E, com a possibilidade de organizar tais dados de maneira mais escalável (e.g., Big Data), criou-se um (novo) mercado cuja base de sustentação é a sua extração e comodificação. Há uma "economia de vigilância" que tende a posicionar o cidadão como um mero expectador das suas informações[6].

Diante desse cenário de possível violação às garantias constitucionais da pessoa humana (dignidade, privacidade, confidencialidade), restou indispensável legislação que regulasse o meio digital[7], dando contornos legais ao fluxo de dados, o que culminou na edição de lei de proteção de dados no Brasil[8], denominada LGPD.

[6] BIONI, Bruno Ricardo. **Proteção de Dados Pessoais.** Rio de Janeiro: Forense, 2019, n.p, E-book.

[7] Augusto Tavares Rosa Marcacini expõe o dilema que se põe sobre esse tema, na medida em que "As relações humanas dependem de alguma dose de circulação de dados pessoais, por isso é necessário refletir sobre qual é o meio termo desejável para se fixar as fronteiras entre a proteção à privacidade individual e o necessário convívio social nos dias atuais". (MARCACINI, Augusto Tavares Rosa. Regras Aplicadas ao tratamento de dados pessoais. *In*: LIMA, Cíntia Rosa Pereira de Lima. (coord.). **Comentários à Lei Geral de Proteção de Dados**: Lei n. 13.709/2018, com Alteração da Lei n. 13.853/2019. São Paulo: Almedina, 2020, p. 143, E-book.)

[8] Maria Stella Gregori afirma que, após o advento do Marco Civil da Internet, surgiu a necessidade de um tratamento diferenciado aos dados: "A partir de 2014, o Brasil passou a contar com o Marco Civil da Internet, que estabelece princípios, garantias, direitos e deveres para o uso da internet no território nacional, mas, também, não trata especificamente sobre o tratamento dos dados pessoais que nela circulam. A proteção dos dados pessoais transformou-se em problema social, surgindo, assim, a necessidade de criar, no ordenamento jurídico brasileiro, uma legislação voltada especificamente a normatizá-los, sob o enfoque da privacidade, levando em consideração o tratamento das informações obtidas". (GREGORI, Maria Stella. Os Impactos da Lei Geral de Proteção de Dados Pessoais na Saúde Suplementar. **Revista de Direito do Consumidor**, v. 127, Jan-Fev/2020, p. 4-5 – Paginação da versão eletrônica difere da versão impressa). Disponível em: https://revistadostribunais. com.

A LGPD foi proposta à Câmara dos Deputados por meio do Projeto de Lei nº 4.060/2012, o qual, em sua exposição de motivos, explicita a necessidade de estabelecer limites jurídicos à era informacional, objetivando a proteção da individualidade e privacidade:

> Até pouco tempo era inimaginável pensar nas aplicações e a interação que a internet teria em nosso dia-a-dia, ao mesmo tempo em que podemos imaginar que isso continuará em ritmo acelerado e de incremento, tendo em vista a velocidade em que novas tecnologias são desenvolvidas para a comunicação com as pessoas.
>
> Dentro dessa realidade se faz necessário estabelecer normas legais para disciplinar tais relações, especialmente para dar proteção à individualidade e a privacidade das pessoas, sem impedir a livre iniciativa comercial e de comunicação[9].

Com a sua aprovação e promulgação, o tratamento de dados pessoais e dados pessoais sensíveis ganhou especial relevância (art. 5, incisos I e II, da LGPD)[10], uma vez que o descumpri-

br/maf/app/resultList/document?&src=rl&srguid=i0ad6adc600000170b5d6a3153744e5d6&docguid=I57979a3022511ea8822e5b20466c853&hitguid=I57979a3022511ea8822e5b20466c853&spos=1&epos=1&td=237&context=5&crumb-action=append&crumblabel=Documento&isDocFG=true&isFromMultiSumm=true&start Chunk=1&endChunk=1 . Acesso em: 1 mar. 2020).

[9] BRASIL. Projeto de Lei nº 4.060/2012, de 13 de junho de 2012. Dispõe sobre o tratamento de dados pessoais, e dá outras providências. Câmara dos Deputados, Brasília, DF, 13 jun. 2012. Disponível em: https://www.camara.leg.br/proposicoesWeb/fichadetramitacao?idProposicao=548066. Acesso em: 03 set. 2020

[10] Conforme bem explicam Ana Paula Assis Buosi *et. al.*, dados pessoais são informações de uma determinada pessoa natural que a identifique ou permita sua identificação, enquanto os dados pessoais sensíveis "recebem esse adjetivo porque tratam de caracteres com um forte conteúdo existencial, subjetivo e individualizante. Esse feixe de características como os dados sobre a saúde, se subvertidas, poderiam ser utilizadas de forma discriminatória e estigmatizante,

mento legal de referidas normas sujeita os agentes de tratamento a sanções administrativas, previstas no art. 52, da referida legislação.

A LGPD, portanto, regulou a dinâmica da era digital informacional, assegurando garantias fundamentais, como da privacidade e dignidade da pessoa humana, antes protegidas por dispositivos que não mais acompanhavam as rápidas mudanças dos tempos.

Nesse contexto, imperioso notar que a privacidade de dados sensíveis, especialmente os de saúde, está diretamente relacionada ao direito constitucional à confidencialidade das informações (art. 5, inciso XII, CF), sendo certo que enquanto a privacidade cria um dever negativo ao controlador dos dados de não interferência na esfera privada, da confidencialidade emerge o mesmo dever negativo, mas também cria um dever positivo de proteção dos dados[11].

Ademais, a Lei de Proteção de Dados Brasileira trouxe contornos legais para o tratamento dos dados sensíveis, sendo que a regra geral é a necessidade de fornecimento do consentimento[12] pela pessoa natural titular dos dados sensíveis (art. 7, inciso I)[13].

ofendendo a dignidade de seus titulares". (Buosi, Ana Paula Assis, *et. al.* A governança do compartilhamento de dados pessoais em tempos de crise: desafios e perspectiva. *In*: Bioni, Bruno R. *et al.* **Os dados e o vírus: pandemia, proteção de dados e democracia.** São Paulo: Data Privacy Brasil Publicações, 2020, p. 15, E-book).

11 Faria, Paula Lobato de; Cordeiro, João Valente. *Health data privacy and confidentiality rights: Crisis or redemption?* **Revista Portuguesa de Saúde Pública**, v. 32, n. 2, p. 125, 2014.

12 Maria Stella Gregori define o consentimento do titular do dado como "a manifestação livre, informada e inequívoca pelo qual ele concorda com o tratamento de seus dados pessoais, para uma finalidade determinada". (Gregori, Maria Stella. Os Impactos da Lei Geral de Proteção de Dados Pessoais na Saúde Suplementar. **Revista de Direito do Consumidor**, v. 127, Jan-Fev/2020, p. 9 (**Paginação da versão eletrônica difere da versão impressa**). Disponível em: https://revistadostribunais.com.br/maf/app/resultList/

Ocorre que o Legislador expressamente reconheceu, nos casos de tratamento de dados sensíveis, hipóteses em que o consentimento poderá ser dispensado (art. 7, inciso II). Especificamente com relação à área de saúde, o artigo 11, inciso II, alínea "e", da LGPD prevê a possibilidade do tratamento de dados sem fornecimento de consentimento, no caso em que esse seja indispensável para a "proteção da vida ou da incolumidade física do titular".

Referido dispositivo, contudo, possui interpretação abrangente digna de críticas, pois deixa de diferenciar duas hipóteses distintas relevantes. A primeira reflete o caso em que, durante a coleta dos dados, houve tempo hábil e oportunidade real oferecida ao titular de manifestar seu desejo e permissão para o tratamento dos dados. Em sentido oposto, a segunda englobaria os casos em que não houve tempo hábil para a coleta do consentimento.

Em uma análise preliminar, poder-se-ia concluir que a possibilidade de tratamento de dados diante da ausência de consentimento deveria ser aplicada, tão somente, à segunda hipótese, devendo prevalecer a regra geral na primeira.

Contudo, aprofundando a análise acerca da segunda hipótese, errou o Legislador ao incluir a alínea "e" como uma das hipóteses de ausência de consentimento para o tratamento de dados, visto que, em verdade, está-se diante de consentimento

document?&src= rl&srguid=i0ad6adc600000170b5d6a3153744e5d6&docguid=I57979a30225111ea8822e5b20466c853&hitguid=I57979a30225111ea8822e5b20466c853&spos=1&epos=1&td=237&context=5&crumbaction=append&crumblabel=Documento&isDocFG=true&isFromMultiSumm=true&startChunk =1&endChunk=1. Acesso em: 1 mar. 2020).

[13] Conforme expõe Bruno Ricardo Bioni, "a necessidade do consentimento eleva o titular do dado a um papel ativo, empoderando-o diante do cenário de constante capitalização do fluxo de informações pessoais". (BIONI, Bruno Ricardo. Proteção de Dados Pessoais. Rio de Janeiro: Forense, 2019, n.p, E-book).

tácito, e não ausência desse. Isso porque, tratando-se da saúde do titular, deve-se presumir que haja consentimento para que a saúde desse seja preservada.

Tratar dessa forma permite que, *a posteriori*, o titular revogue o tratamento dos dados, enquanto se admitirmos a absoluta ausência de consentimento, tolheríamos a titularidade dos dados da pessoa natural em definitivo. Conforme observa Augusto Tavares Rosa Marcacini,

> Tomando por certo que o titular de dados tem interesse em preservar a própria vida, presume-se que consinta com o tratamento, para esse fim, desse gênero de informações. Em situações de emergência, em que o titular dos dados não esteja em condições de expressar o seu consentimento, este inciso autoriza a utilização de seus dados, no pressuposto bastante razoável de que isso seja de seu interesse.
>
> No entanto, enquanto se considere a sua própria saúde, é de se pressupor que esta é mais uma situação de consentimento implícito, e que deve ser tratada como tal, especialmente para do mesmo modo permitir a revogação posterior da autorização por ato de vontade do titular[14].

A contrario sensu, quando há tempo hábil para expressar o consentimento sobre o tratamento dos dados pessoais sensíveis relacionados à saúde, em caso de sua recusa, em nenhuma hipótese deve o controlador proceder ao tratamento, ainda que implique em eventual risco à saúde do titular. Entendimento oposto implicaria flagrante violação à autodeterminação da pessoa natural e à dignidade humana.

[14] MARCACINI, Augusto Tavares Rosa. Regras Aplicadas ao tratamento de dados pessoais. *In*: LIMA, Cíntia Rosa Pereira de Lima. (coord.). **Comentários à Lei Geral de Proteção de Dados**: Lei n. 13.709/2018, com Alteração da Lei n. 13.853/2019. São Paulo: Almedina, 2020, p. 146, E-book.

Por consequência, não pode a empresa controladora dos dados responder subjetivamente por qualquer omissão, pois não tem responsabilidade por fatos que não deu causa, bem como objetivamente, em razão da ausência do nexo de causalidade entre a atividade e eventual dano à saúde.

Com efeito, imperioso mencionar que a discussão acerca do consentimento para o tratamento de dados e autodeterminação nos casos de risco à saúde é correlata aos casos de Testemunhas de Jeová e a possibilidade de recusa de se submeterem a procedimentos de transfusão de sangue por motivo de crença religiosa.

O tema chegou ao Supremo Tribunal Federal por meio da Arguição de Descumprimento de Preceito Fundamental (ADPF) nº 618 ajuizada pela Ex-Procuradora-Geral da República, Dra. Raquel Dodge, em 11 de setembro de 2019 e de Relatoria do Exmo. Ministro Nunes Marques[15], bem como pelo Recurso Extraordinário nº 1.212.272, de Relatoria do Exmo. Ministro Gilmar Mendes, sendo certo que, aos 25 de outubro de 2019 foi reconhecida repercussão geral no Recurso Extraordinário, em razão da relevante questão constitucional suscitada[16].

Menciona-se, ainda, parecer no Recurso Extraordinário nº 1.212.272 da Procuradoria-Geral da República, entendendo que

15 BRASIL. Supremo Tribunal Federal. Arguição de Descumprimento de Preceito Fundamental (ADPF) nº 618. Presidente da República e Procuradoria-Geral da União. Relator: Ministro Nunes Marques. Brasília, set. 2019. Disponível em: http://stf.jus.br/portal/cms/verNoticiaDetalhe.asp?idConteudo=423187. Acesso em: 11 set. 2020.

16 BRASIL. Supremo Tribunal Federal. Recurso Extraordinário nº 1.212.272. Malvina Lúcia Vicente da Silva e União. Relator: Ministro Gilmar Mendes. Brasília, 9 out. 2019. **Dje** nº 97, Brasília, 23 abr. 2020. Disponível em: http://stf.jus.br/portal/diarioJustica/verDiarioProcesso.asp?numDj=97&dataPublicacaoDj=23/04/2020&incidente=5780212&codCapitulo=2&numMateria=9&codMateria=7. Acesso em: 11 set. 2020.

> O direito de escolha do tratamento médico pelo paciente, por motivos religiosos, quando existente forma de tratamento alternativa eficaz, há de ser respeitado, no exercício de sua autonomia e liberdade individual.
>
> A questão aqui posta em discussão é diferente de uma colisão de direitos fundamentais, isto é, da discussão do direito à vida versus direito a liberdade de consciência e de crença, pois a recorrente não recusa o tratamento para sua doença: tão somente, em respeito à sua convicção religiosa, recusa a transfusão sanguínea.
>
> Negar esse direito de escolha, afetando a autodeterminação do paciente, implica discriminação por motivos religiosos [...][17].

Com isso, conclui-se que a LGPD falha triplamente ao (i) possibilitar o tratamento de dados relativos à saúde diante da ausência de consentimento; (ii) não distinguir as hipóteses de possibilidade de haver o consentimento – oportunidade na qual esse seria absolutamente necessário para que o dado seja tratado – , ou impossibilidade anterior do titular de expressar seu consentimento – quando o consentimento seria presumido; e (iii) não afastar a hipótese de tratamento de dados nos casos em que expressamente não houve consentimento, mesmo que isso ocasione riscos à saúde do titular.

Como se verá a seguir, tais conclusões relacionam-se diretamente com a privacidade e confidencialidade dos dados coletados por *smartwatches*. Contudo, cumpre antes tratar dos direitos fundamentais do titular dos dados à transparência e à informação sobre o tratamento de seus dados e como esses direitos

[17] BRASIL. PROCURADORIA-GERAL DA UNIÃO. Manifestação da PGR, Brasília, 6 jul. 2020, ev. 140. *In*: BRASIL. Supremo Tribunal Federal. Recurso Extraordinário nº 1.212.272. Malvina Lúcia Vicente da Silva e União. Relator: Ministro Gilmar Mendes. Disponível em: http://redir.stf.jus.br/estfvisualizadorpub/jsp/consultarprocessoeletronico/ConsultarProcessoEletronico.jsf?seqobjetoincidente=5703626. Acesso em: 11 set. 2020.

relacionam-se com a necessidade do consentimento, o qual deve ter forma específica e ser informado para ter validade.

2. Da necessária transparência no tratamento de dados sensíveis relacionados à saúde e a operacionalização do consentimento

No presente capítulo, será analisado como o dever de transparência se impõe ao controlador. Em seguida, aprofundar-se-á a análise do consentimento e como esse deve ser operacionalizado.

2.1. Do dever de transparência nas relações assimétricas

O dever de transparência decorre da intrínseca relação assimétrica entre o controlador e o titular dos dados, sendo certo que tal dever não é estranho à legislação brasileira.

O artigo 4º, da Lei Federal nº 8.078, de 11 de setembro de 1990 (Código de Defesa do Consumidor – "CDC") positivou a transparência nas relações consumeristas, tipicamente assimétricas, e, em seu artigo 31, determinou que todas as informações de bens ou serviços devem ser prestadas de forma correta, clara, precisa e ostensiva, em língua portuguesa e abrangendo todas as características e qualidades.

De forma semelhante, o artigo 7, inciso VIII, da Lei Federal nº 12.965, de 23 de abril de 2014 ("Marco Civil da Internet")[18]

[18] Sobre o Marco Civil da Internet, Silvano José Gomes Flumignan e Wévertton Gabriel Gomes Flumignan asseveram que "O próprio Marco Civil da Internet (Lei n. 12.965/14) consagra o princípio da transparência no art. 7o, sendo diretamente relacionado ao direito básico e fundamental à informação, também inerente a todo o sistema de proteção estabelecido pelo Código de Defesa do Consumidor. Isso porque, sem a devida transparência, torna-se praticamente impossível o controle pelo titular do fluxo de seus dados, bem como quaisquer fiscalizações pelos órgãos de controle" (Flumignan, Silvano José Gomes, Flumignan, Wévertton Gabriel Gomes. Princípios que regem o tratamento de dados no Brasil. *In*: Lima, Cíntia Rosa Pereira de Lima. (coord.). **Comentários**

prevê o dever dos provedores de promover "informações claras e completas sobre coleta, uso, armazenamento, tratamento e proteção de seus dados pessoais [...]".

Por fim, a LGPD determinou, em seu artigo 6º, inciso IV, que o tratamento de dados pessoais deve ser regido pela transparência, sendo ela definida como a "garantia, aos titulares, de informações claras, precisas e facilmente acessíveis sobre a realização do tratamento e os respectivos agentes de tratamento, observados os segredos comercial e industrial".

Diante desse cenário, as normas do CDC, Marco Civil da Internet e LGPD compõem o arcabouço jurídico do tratamento de dados, devendo todas as políticas de proteção de dados dos controladores respeitar o dever de transparência, informando de modo clara e eficaz os titulares. Sobre o conjunto de normas que regem a transparência, Augusto Tavares Rosa Marcacini observa que

> Um dos direitos mais fundamentais em todas as relações jurídicas, e de especial relevância nas relações assimétricas, tais como as que decorrem de contratos de adesão, de consumo ou dessa nova realidade moderna, que contrapõe controladores e titulares de dados pessoais, é o direito de ser adequadamente informado sobre todos os detalhes do negócio jurídico a ser celebrado. É a informação que permite o seguro e consciente exercício das liberdades individuais, para por si próprio aferir riscos, avaliar vantagens e desvantagens e, enfim, aceitar ou recusar cláusulas avulsas ou o próprio contrato como um todo[19].

à Lei Geral de Proteção de Dados: Lei n. 13.709/2018, com Alteração da Lei n. 13.853/2019. São Paulo: Almedina, 2020, p. 133, E-book)

[19] MARCACINI, Augusto Tavares Rosa. Regras Aplicadas ao tratamento de dados pessoais. *In*: LIMA, Cíntia Rosa Pereira de Lima. (coord.). **Comentários à Lei Geral de Proteção de Dados**: Lei n. 13.709/2018, com Alteração da Lei n. 13.853/2019. São Paulo: Almedina, 2020, p. 159, E-book.

Nesse âmbito, embora a LGPD também preveja o dever de transparência, faltou à Lei ser clara e específica no que tange a quais os requisitos concretos necessários para que tal dever seja satisfeito, como é o caso do artigo 31 do CDC[20] e da legislação à qual a LGPD se espelhou: a Lei de Proteção de Dados da União Europeia – *General Data Protection Regulation* (GDPR), a qual exige que

> *Controllers and processors must be transparent about the processing of people's (or 'data subjects' – including patients and staff) personal data. They have to very clearly articulate how they are processing data in accessible notices, for clearly defined purposes and under clear legal bases, specifying people's rights and who they should contact to exercise them.*
>
> *[...] GDPR's consent requirements are that consent for data processing must be clear, for specific purposes, unambiguous, uncoerced, freely given and people need to be able to withdraw it as easily as they give it*[21].

[20] Diante de referidas lacunas, o artigo 31 do CDC deve ser aplicado analogicamente à LGPD. (Flumignan, Silvano José Gomes, Flumignan, Wévertton Gabriel Gomes. Princípios que regem o tratamento de dados no Brasil. *In*: Lima, Cíntia Rosa Pereira de Lima. (coord.). **Comentários à Lei Geral de Proteção de Dados**: Lei n. 13.709/2018, com Alteração da Lei n. 13.853/2019. São Paulo: Almedina, 2020, p. 133, E-book).

[21] Em tradução livre do autor: "Os controladores e processadores devem ser transparentes sobre o processamento de dados pessoais das pessoas (ou "titulares dos dados" – incluindo pacientes e funcionários). Devem articular de forma muito clara a forma como processam os dados em avisos acessíveis, para fins claramente definidos e sob bases jurídicas claras, especificando os direitos das pessoas e quem deve contatar para os exercer.
[...] Os requisitos de consentimento do GDPR são que o consentimento para o processamento de dados deve ser claro, para fins específicos, inequívoco, não coagido, dado gratuitamente e as pessoas precisam ser capazes de retirá-lo tão facilmente quanto o dão". (LEA, Nathan C. *et al. How will the general data protection regulation affect healthcare?*, **Acta Médica Portuguesa**, v. 31, n. 7-8, jul./ago, p. 364, 2018. Disponível em: https://doi.org/10.20344/amp.10881. Acesso em: 1 mar. 2010).

Ainda que tenha falhado em detalhar os requisitos, a LGPD demanda a transparência informacional na relação entre titular e controlador, sendo que, em razão da relação assimétrica, ganha especial relevância a forma pela qual a informação é fornecida ao titular, para que esse, por sua vez, forneça seu consentimento informado e, *a posteriori*, tenha consciência de como seus dados estão sendo tratados.

2.2. Do consentimento informado e a necessidade de políticas de privacidade voltadas ao empoderamento do titular

O consentimento informado do paciente é princípio basilar da bioética[22], devendo o médico garantir a informação e proporcionar ao paciente o direito de decidir livremente sobre sua pessoa e bem-estar (artigos 22 e 24 do Código de Ética Médica Brasileiro[23]). Jessica Berg afirma que o consentimento informado na área de saúde é composto por dois requerimentos: "*a duty to disclose information and a right to make decisions*"[24].

Embora o Código de Ética Médica tenha jurisdição única aos profissionais da saúde, o direito de os pacientes serem informados guarda relação intrínseca com o dever das empresas – que para fins deste artigo são as controladoras dos dados gerados por *smartwatches* – de permitir que os titulares dos dados rela-

[22] BERG, Jessica. E-*Health Revolution and the Necessary Evolution of Informed Consent.* ***Indiana Health Law Review***, v. 22, n. 2, 2014, p. 592. Disponível em: https://heinonline.org/HOL/Page?collection=journals&handle =hein.journals/ inhealrl1&id=597&men_tab=srchresults. Acesso em: 1 set. 2020.

[23] CONSELHO FEDERAL DE MEDICINA. **Código de Ética Médica: Resolução CFM nº 1.931**. Brasília: Conselho Federal de Medicina, 2009, p. 37, E-book.

[24] Em tradução livre do autor: "o dever de divulgar informações e o direito de tomar decisões". (BERG, Jessica. E-*Health Revolution and the Necessary Evolution of Informed Consent.* ***Indiana Health Law Review***, v. 22, n. 2, p. 593, 2014. Disponível em: https://heinonline.org/HOL/Page?collection=journals&handle=hein. journals/ inhealrl1&id=597&men_tab=srchresults. Acesso em: 1 set. 2020).

cionados à sua saúde tenham a informação necessária para proporcionar seu consentimento informado acerca da possibilidade de realizar o tratamento dos dados.

O titular do dado, pois, terá real capacidade cognitiva de manifestar seu consentimento informado tão somente se a assimetria informacional for superada, por meio do dever de transparência. A transparência das empresas, desse modo, possibilita o consentimento informado do titular.

Nesse âmbito, impõe-se, o questionamento de como a informação sobre as políticas de privacidade e tratamento de dados deve ser repassada ao titular, a fim garantir a transparência informacional e a formação do consentimento informado.

Em setembro de 2014, foi publicado um estudo pela *Global Privacy Enforcement Network* ("GPEN") em que vinte e seis autoridades de dados de dezenove países analisaram as políticas de privacidade de 1.211 aplicativos de celular. As principais conclusões do estudo foram: dos aplicativos estudados, (i) embora quase todos fornecessem algum tipo de informação de privacidade, apenas 15% eram bem sucedidos em demonstrar como os dados dos titulares eram coletados; e (ii) 59% dos aplicativos geravam grandes dificuldades aos titulares para achar as políticas de privacidade[25].

Não bastassem a dificuldade e a insuficiência de informação, não são novidades a extensão e a complexidade textual e conceitual das políticas de privacidade, bem como tempo dispendido lendo-as. Aleecia M. Mcdonald e Lorrie F. Cranor estimam, nos Estados Unidos da América, que

[25] CMS. ***Global survey finds 85 per cent of mobile apps failing on data privacy***. Reino Unido, 2014. Disponível em: https://www.cms-lawnow.com/ealerts/2014/09/global-survey-finds-85-per-cent-of-mobile-apps-failing-on-data-privacy?cc_lang=de. Acesso em 4 set. 2020.

> *reading privacy policies carries costs in time of approximately 201 hours a year, worth about $3,534 annually per American Internet user. Nationally, if Americans were to read online privacy policies word-for--word, we estimate the value of time lost as about $781 billion annually*[26].

Com efeito, a complexidade das políticas de privacidade, que se transformaram quase que em contratos de adesão, e o tempo tomado para analisá-las tornam a tarefa de lê-las quase impossível ao cidadão médio[27]. Assim, embora o titular do dado possa aceitar a política de privacidade, quase certamente não a terá lido por inteiro e/ou a compreendido plenamente e, por consequência, não obstante tenha concedido seu consentimento, inexistiu o necessário consentimento informado, na medida em que não há transparência, tornando a aceitação da política de privacidade nula, nos termos do artigo 7, § 1º, da LGPD.

Como forma de superar referida nulidade, Bruno Ricardo Bioni propõe que o consentimento informado deveria ser operacionalizado por meio de ferramentas tecnológicas de proteção

[26] Em tradução livre do autor: "a leitura das políticas de privacidade acarreta custos em tempo de aproximadamente 201 horas por ano, equivalendo cerca de US $ 3.534 anuais por usuário americano da Internet. Nacionalmente, se os americanos lerem as políticas de privacidade online palavra por palavra, estimamos o valor do tempo perdido em cerca de US $ 781 bilhões anualmente". (McDonald, Aleecia M.; Cranor, *Lorrie Faith. The Cost of Reading Privacy Policies.* ***Journal of Law and Policy for Information Society***, v. 4, n. 3, p. 565, 2008).

[27] Sobre o tema, Bruno Ricardo pontua que "ao fornecedor e prestador de produtos e serviços não cabe analisar singularmente cada instrumento contratual, já que ele é o mesmo para toda a sua base de consumidores. Diversamente, o consumidor precisa analisar todos os instrumentos contratuais das suas relações, uma vez que eles variam de acordo com cada fornecedor. A massificação dos instrumentos contratuais é, portanto, unilateral, sendo esta a razão pela qual a suscitada externalidade negativa do seu custo de leitura atinge somente os consumidores". (Bioni, Bruno Ricardo. **Proteção de Dados Pessoais**. Rio de Janeiro: Forense, 2019, n.p, E-book).

dos dados pessoais, as chamadas *Privacy Enhancing Technologies*/PETs[28]. Uma das tecnologias mencionadas pelo autor seria a *Platform for Privacy Preferences*/P3P, na qual

> O usuário poderia, por intermédio de seu navegador, configurar as suas mais variadas preferências de privacidade, incluindo, por exemplo, quais tipos de dados pessoais poderiam ser coletados (geolocacionais, sensíveis ou não sensíveis etc.) e, até mesmo, se ele assentiria o seu compartilhamento com terceiros. Portanto, o próprio browser procederia a uma análise automatizada das políticas de privacidade das aplicações acessadas, verificando-se a sua (in) compatibilidade com as preferências de privacidade pré-configuradas[29].

Por meio dessa plataforma, portanto, a aceitação de tratamento de dados tornar-se-ia muito mais granular, podendo o indivíduo apenas habilitar o tema/tópico o qual quer que seus dados sejam tratados e optar por não conceder autorização em outros[30].

[28] BIONI, Bruno Ricardo. **Proteção de Dados Pessoais.** Rio de Janeiro: Forense, 2019, n.p, E-book.

[29] BIONI, Bruno Ricardo. **Proteção de Dados Pessoais.** Rio de Janeiro: Forense, 2019, n.p, E-book.

[30] Dissertando mais amplamente sobre o *e-health*, Jessica Berg pontua quatro fatores possibilitados pela tecnologia da informação e que habilitam o consentimento informado: "*Facilitate access to more understandable clinical knowledge; Afford more timely information sharing through internet based communication tools; Improve efficiency by coordinating information in one place and avoiding redundancies; and Enhance equity by allowing for multiple options for clinical interactions*". Em tradução livre do autor: "Facilitar o acesso a conhecimentos clínicos mais compreensíveis; Proporcionar um compartilhamento mais rápido de informações por meio de ferramentas de comunicação baseadas na Internet; Melhorar a eficiência coordenando as informações em um só lugar e evitando redundâncias; e Aumentar a equidade, permitindo várias opções para interações clínicas". (BERG, Jessica. E-*Health Revolution and the Necessary*

Ademais, uma interface amigável ao titular, de fácil localização das informações, tornaria a informação muito mais transparente, o que leva o consentimento a ser fundamentado e informado, dando-o roupagem de validade.

Todavia, ainda que seja um primeiro e importante passo, a implementação de novas tecnologias como a P3P e interfaces amigáveis ao usuário não é suficiente. Faz-se necessária a disponibilização ao usuário de política de privacidade facilmente acessível e em formato distante do contratual técnico, com cláusulas e termos de difícil compreensão ao cidadão médio.

É imperioso, por conseguinte, que ao lado da política de privacidade técnica e contratual seja disponibilizado uma "cartilha" resumida, com vocabulário comum e distante das tecnicidades do direito, para que o sujeito médio possa facilmente compreender e ler em alguns minutos, podendo, se desejar, referir à cláusula originária na política.

Só assim os artigos 6º, inciso VI, da LGPD, 4º e 31 do CDC, e 7, VIII, do Marco Civil da Internet terão sua vigência plenamente afirmada, na medida em que os controladores dos dados estarão em conformidade com seu dever de transparência, reduzindo a assimetria de informação e dando validade ao consentimento informado para o tratamento dos dados pessoais relacionados à saúde da pessoa.

Resta, destarte, verificar como os conceitos trabalhados até o momento relacionam-se com a coleta de dados pelos *smartwatches* e se, diante do consentimento informado para o tratamento de dados, é possível oferecer aos titulares alguma recomendação caso se identifique eventual risco à saúde.

Evolution of Informed Consent. ***Indiana Health Law Review***, v. 22, n. 2, p. 594-595, 2014. Disponível em: https://heinonline.org/HOL/Page?collection=journals&handle=hein .journals/inhealrl1&id=597&men_tab=srchresults. Acesso em: 1 mar. 2020).

3. *Smartwatches*, o consentimento informado e a indicação de locais para tratamento

No estudo de larga escala conduzido pelos Drs. Jennifer M Radin, Nathan E Wineinger, Eric J Topol, Steven R Steinhubl concluiu-se pela possibilidade de vigilância da Influenza em tempo real:

> *Activity and physiological trackers are increasingly used in the USA and globally to monitor individual health. By accessing these data, it could be possible to improve real-time and geographically refined influenza surveillance. This information could be vital to enact timely outbreak response measures to prevent further transmission of influenza cases during outbreaks*[31].

A conclusão do estudo ganhou ainda mais relevância com a recente pandemia de COVID-19, na medida em que a vigilância epidemiológica foi intensificada, levando aos holofotes a discussão acerca da proteção de dados sensíveis relacionados à saúde.

Nesse cenário de urgente necessidade de proteção de dados, é interessante notar que, há 15 anos, a Organização Mundial da Saúde, em seu relatório sobre *e-Helath*, já levantava a exigência de um sistema normativo robusto para o tratamento da relação entre tecnologia, dados e saúde:

[31] RADIN, Jennifer M, WINEINGER, Nathan E., TOPOL, Eric J., STEINHUBL, Steven R. Large-Scale *Assessment of a Smartwatch to Identify Atrial Fibrillation*. ***Lancet Digital Health***, v. 2, p.e85, fev. 2020. Acesso em: 3 set. 2020. Em tradução livre do autor: "Rastreadores de atividade e fisiológicos são cada vez mais usados nos EUA e globalmente para monitorar a saúde individual. Ao acessar esses dados, pode ser possível melhorar a vigilância da influenza em tempo real e geograficamente refinada. Esta informação pode ser vital para implementar medidas oportunas de resposta a surtos para prevenir a transmissão de casos de influenza durante os surtos".

> *A comprehensive legal framework for eHealth will need to address the transfer and use of information between health care workers and patients. In addressing such transfers the issues of privacy and confidentiality of patient data and rules on access rights and sharing rights for data are paramount. However a good legal framework should also address data quality and integrity as a basis for clinical and patient decision-making, [...]*[32].

Contudo, conforme já mencionado, a Lei Geral de Proteção de Dados se mostra insuficiente e falha em atender a todas as demandas que emergem do *e-health*, mais especificamente da coleta de dados por meio dos *smartwatches*, com o objetivo de garantir a confidencialidade, privacidade, transparência e autodeterminação do titular dos dados.

Assim, é imperioso o consentimento informado por parte da pessoa natural usuária dos *smartwatches* para que seus dados sejam coletados e tratados. Ademais, deve ser dada a opção *ex ante* para que o usuário se manifeste e, caso sua manifestação seja contrária ao tratamento, deve a empresa se abster de qualquer ação, mesmo que isso signifique potencial risco à saúde do titular, em razão da perda de oportunidade de aviso sobre uma doença.

[32] ORGANIZAÇÃO MUNDIAL DA SAÚDE. ***Resolution WHA58.33. Sustainable health financing, universal coverage and social health insurance.*** *In: Fifty-eighth World Health Assembly, Resolutions and decisions annex*, Geneva, 16–25 Maio, 2005. p. Disponível em: http://apps.who.int/gb/ebwha/pdf_files/WHA58-REC1/english/A58_2005_REC1-en.pdf. Acesso em: 6 mar. 2020. Em tradução livre do autor: "Um sistema normativo abrangente para a eSaúde precisará abordar a transferência e o uso de informações entre profissionais de saúde e pacientes. Ao lidar com essas transferências, as questões de privacidade e confidencialidade dos dados do paciente e as regras sobre direitos de acesso e compartilhamento de dados são fundamentais. No entanto, uma boa estrutura legal também deve abordar a qualidade e a integridade dos dados como base para a tomada de decisões clínicas e dos pacientes, [...]".

A questão final que surge é se (i) diante do consentimento plenamente informado e válido, (ii) do tratamento dos dados, (iii) com a posterior identificação de doença, essa informação deve ficar restrita à empresa e ao usuário do *smartwatch*, ou pode a empresa sugerir próximos passos, como recomendar genericamente a ida ao hospital ou, ainda, fazer propaganda nominal de hospital, clínica ou médico para que o paciente se dirija e inicie seu tratamento.

Parte da resposta reside no parágrafo 4º, do artigo 11, da LGPD, que veda "a comunicação ou o uso compartilhado entre colaboradores de dados pessoais sensíveis com o objetivo de obter vantagem econômica". A Lei determina expressamente que não há legítimo interesse no compartilhamento de dados relativos à saúde, por exemplo, entre a empresa do *smartwatch* e hospitais, clínicas ou médicos conveniados, quando houver objetivo de obtenção ganho econômico.

Nada impede, porém, que a empresa forneça opções ao usuário de locais mais próximos para tratamento baseado em sua geolocalização, por exemplo, desde que haja expresso consentimento para tal fornecimento. Contudo, como visto, não basta uma simples aceitação de política de privacidade por inteiro, mas, para atingir o convencimento informado, é necessário o consentimento granular desse tópico em específico.

Aprofundando a análise, importante mencionar que a Lei (art. 11, §4º, incisos I e II) estabeleceu exceções à regra de vedação ao compartilhamento de dados pessoais sensíveis relacionados à saúde com o objetivo de obter vantagem econômica

> nas hipóteses relativas à prestação de serviços de saúde, de assistência farmacêutica e de assistência à saúde, incluídos os serviços auxiliares de diagnose e terapia, em benefício dos interesses dos titulares de dados, e para permitir: i) a portabilidade de dados

quando solicitada pelo titular; ou ii) as transações financeiras e administrativas resultantes do uso e da prestação dos serviços[33].

Assim, a Lei permite, sob a expressa condição de existência de *benefício dos interesses* do titular dos dados – por exemplo, proteção à sua saúde –, que haja ganho econômico de forma a permitir a portabilidade de dados, bem como para remunerar transações financeiras decorrentes do uso de serviços médicos, em razão da recomendação dada pelo controlador.

Não obstante, vale notar que a LGPD restou omissa nos casos de propaganda, ou seja, quando hospital, clínica ou médico individualizado passam a ser recomendados e/ou mostrados ao usuário do *smartwatch* em decorrência de contrato oneroso de divulgação desses com a controladora dos dados, quando da identificação de riscos à saúde do titular

Entende-se, nesses casos, que as hipóteses do art. 11, § 4º, incisos I e II da LGPD não são taxativas, sendo certo que existindo o (i) indispensável benefício ao titular, (ii) consentimento granular informado para receber propagandas, e (iii) respeitadas as regras de propaganda médica estabelecidas pelo Conselho Federal de Medicina, nada parece impedir propagandas e benefício econômico decorrentes dessas, em plena atenção à vontade das partes e ao princípio constitucional da livre iniciativa.

[33] GREGORI, Maria Stella. Os Impactos da Lei Geral de Proteção de Dados Pessoais na Saúde Suplementar. **Revista de Direito do Consumidor**, v. 127, Jan-Fev/2020, p. 9-10 – Paginação da versão eletrônica difere da versão impressa). Disponível em: https://revistadostribunais.com.br/maf/app/resultList/document?&src=rl &srguid=i0ad6adc600000170b5d6a3153744e5d6&docguid=I57979a302251l1ea8822e5b20466c853&hitguid=I57979a302251l1ea8822e5b20466c853&spos=1&epos=1&td=237&context=5&crumbaction=append&crumblabel=Documento&isDocFG=true&isFromMultiSumm=true&startChunk =1&endChunk=1. Acesso em: 1 mar. 2020

Por outro lado, tal caso merece cautela, diante da ausência de regras específicas que regulamentem essa hipótese, o que pode levar a um verdadeiro descontrole de divulgação de serviços médicos.

Conclusões

O presente artigo se propôs a analisar quais os limites do tratamento de dados coletados por dispositivos móveis cotidianos, mais especificamente *smartwatches*, os quais estão inseridos em um conceito maior, o *e-health*. O impulso inicial que levou ao debate foram dois estudos médico-científicos que verificaram a possibilidade de identificação de doenças apenas pela análise dos dados coletados pelos dispositivos.

Retomam-se as indagações feitas no início do trabalho: é legal o tratamento dos dados de saúde coletados pelos equipamentos do cotidiano? Caso as empresas que coletaram os dados de saúde do usuário identifiquem, por meio de algoritmo desenvolvido, que o usuário tem de fato algum problema de saúde ou, risco eminente de vida, tem ela o dever de informar, sob pena de caracterização de omissão? Quais os limites desse dever de informação? Deve essa informação ficar restrita ao empoderamento e fundamentação do processo de decisão do paciente, ou pode a empresa dar um passo adiante e sugerir tratamentos, e mais, fazer propaganda de hospitais, clínicas ou médicos conveniados?

De todo o discorrido, entende-se pela possibilidade de tratamento de dados coletados pelos mencionados dispositivos, condicionado ao necessário consentimento informado do titular do direito.

Referido consentimento deve ser feito de modo granular, possibilitado por tecnologias que permitam a redução da assimetria de informação e garantam a transparência, bem como a política de privacidade deve estar plenamente disponível ao titular dos dados, traduzida a termos que cidadão médio possa entender e em tamanho reduzido, para, assim, diminuir o tempo e aumentar as chances de leitura.

Em caso de negativa ao tratamento dos dados, a empresa deve se abster de realizar qualquer tratamento de dados, em respeito aos princípios da autodeterminação e dignidade da pessoa humana, ainda que isso implique em risco à saúde do usuário. Nesse caso, não responderá a empresa objetivamente ou por qualquer omissão, na medida em que não pode ser responsabilizada por fatos que não deu causa, inexiste nexo de causalidade e respeitou as garantias constitucionais de seu usuário.

Ademais, a controladora pode fornecer recomendações ao titular de hospitais, clínicas ou médicos próximos, caso identifique um potencial risco à saúde, sendo essa hipótese também condicionada ao consentimento informado.

Por fim, com relação à propaganda vinculada a essa recomendação, devem a controladora e o contratante (hospital, clínica, médico) respeitar as normas de classe que regem os anúncios, bem como ter cautela, diante do vácuo legislativo e possível descontrole no oferecimento e promoção de serviços médicos.

Referências

BENACCHIO, Marcelo, MACIEL, Renata Mota. A LGPD sob a perspectiva da regulação do Poder Econômico. *In*: LIMA, Cíntia Rosa Pereira de Lima. (coord.). **Comentários à Lei Geral de Proteção de Dados**: Lei n. 13.709/2018, com Alteração da Lei n. 13.853/2019. São Paulo: Almedina, 2020, p. 39-67.

BERG, Jessica. *E-Health Revolution and the Necessary Evolution of Informed Consent*. ***Indiana Health Law Review***, v. 22, n. 2, p. 589-608, 2014. Disponível em: https://heinonline.org/HOL/Page?collection=journals&handle=hein.journals/inhealr11&id=597&men_tab=srchresults. Acesso em: 1 set. 2020.

BIONI, Bruno Ricardo. **Proteção de Dados Pessoais**. Rio de Janeiro: Forense, 2019, n.p, E-book.

BRASIL. Projeto de Lei nº 4.060/2012, de 13 de junho de 2012. Dispõe sobre o tratamento de dados pessoais, e dá outras providências. Câmara dos Deputados, Brasília, DF, 13 jun. 2012. Disponível em: https://www.camara.leg.br/proposicoesWeb/fichadetramitacao?idProposicao=548066. Acesso em: 03 set. 2020

BRASIL. Supremo Tribunal Federal. Recurso Extraordinário nº 1.212.272. Malvina Lúcia Vicente da Silva e União. Relator: Ministro Gilmar Mendes. Brasília, 9 out. 2019. **Dje** nº 97, Brasília, 23 abr. 2020. Disponível em: http://stf.jus.br/portal/diarioJustica/verDiarioProcesso. asp?numDj=97&dataPublicacaoDj=23/04/2020&incidente=5780212&codCapitulo=2&numMateria=9&codMateria=7. Acesso em: 11 set. 2020.

BRASIL. PROCURADORIA-GERAL DA UNIÃO. Manifestação da PGR, Brasília, 6 jul. 2020, ev. 140. *In*: BRASIL. Supremo Tribunal Federal. Recurso Extraordinário nº 1.212.272. Malvina Lúcia Vicente da Silva e União. Relator: Ministro Gilmar Mendes. Disponível em: http://redir.stf.jus.br/estfvisualizadorpub/jsp/consultar processoeletronico/ConsultarProcessoEletronico.jsf?seqobjetoincidente=5703626. Acesso em: 11 set. 2020.

BRASIL. Supremo Tribunal Federal. Arguição de Descumprimento de Preceito Fundamental (ADPF) nº 618. Presidente da República e Procuradoria-Geral da União. Relator: Ministro Celso de Mello. Brasília, set. 2019. Disponível em: http://stf.jus.br/portal/cms/verNoticia Detalhe.asp?idConteudo=423187. Acesso em: 11 set. 2020.

BUOSI, Ana Paula Assis Buosi, *et. al.* A governança do compartilhamento de dados pessoais em tempos de crise: desafios e perspectiva. *In*: BIONI, Bruno R. et al. **Os dados e o vírus: pandemia, proteção de dados e democracia**. São Paulo: Data Privacy Brasil Publicações, 2020, p. 13-21.

CMS. ***Global survey finds 85 per cent of mobile apps failing on data privacy***. Reino Unido, 2014. Disponível em: https://www.cms-lawnow.com/ealerts/2014/09/global-survey-finds-85-per-cent-of-mobile-apps-failing-on-data-privacy?cc_lang=de. Acesso em 4 set. 2020.

FLUMIGNAN, Silvano José Gomes, FLUMIGNAN, Wévertton Gabriel Gomes. Princípios que regem o tratamento de dados no Brasil. *In*: LIMA, Cíntia Rosa Pereira de Lima. (coord.). **Comentários à Lei Geral de Proteção de Dados**: Lei n. 13.709/2018, com Alteração da Lei n. 13.853/2019. São Paulo: Almedina, 2020, p. 127-140.

CONSELHO FEDERAL DE MEDICINA. **Código de Ética Médica: Resolução CFM nº 1.931**. Brasília: Conselho Federal de Medicina, 2009.

FARIA, Paula Lobato de; CORDEIRO, João Valente. *Health data privacy and confidentiality rights: Crisis or redemption?* **Revista Portuguesa de Saúde Pública**, v. 32, n. 2, p. 123-133, 2014.

GREGORI, Maria Stella. Os Impactos da Lei Geral de Proteção de Dados Pessoais na Saúde Suplementar. **Revista de Direito do Consumidor**, v. 127, p. 171-191, Jan-Fev/2020. (**Paginação da versão eletrônica difere da versão impressa**). Disponível em: https://revistadostribunais.com.br/maf/app/resultList/document?&src=rl&srguid=i0ad6adc600000170b5d6a3153744e5d6&docguid=I57979a30225111ea8822e5b20466c853&hitguid=I57979a30225111ea8822e5b20466c853&spos=1&epos=1&td=237&context=5&crumb-action=append&crumb-label=Documento&isDocFG=true&isFromMultiSumm=true&start Chunk=1&endChunk=1. Acesso em: 1 mar. 2020.

LEA, Nathan C. *et al. How will the general data protection regulation affect healthcare?,* ***Acta Médica Portuguesa***, v. 31, n. 7-8, jul./ago, p. 364, 2018. Disponível em: https://doi.org/10.20344/amp.10881. Acesso em: 1 mar. 2010

MARCACINI, Augusto Tavares Rosa. Regras Aplicadas ao tratamento de dados pessoais. *In*: LIMA, Cíntia Rosa Pereira de Lima. (coord.). **Comentários à Lei Geral de Proteção de Dados**: Lei n. 13.709/2018, com Alteração da Lei n. 13.853/2019. São Paulo: Almedina, 2020, p. 141-161.

MCDONALD, Aleecia M.; CRANOR, Lorrie Faith. *The Cost of Reading Privacy Policies.* ***Journal of Law and Policy for Information Society***, v. 4, n. 3, p. 543-568, 2008.

ORGANIZAÇÃO MUNDIAL DA SAÚDE. ***Resolution WHA58.33. Sustainable health financing, universal coverage and social health insurance***. *In: Fifty-eighth World Health Assembly, Resolutions and decisions annex*, Geneva, 16–25 Maio, 2005. Disponível em: http://apps.who.int/gb/ebwha/pdf_files/WHA58-REC1/english/A58_2005_REC1-en.pdf. Acesso em: 6 mar. 2020.

PEREZ, Marco V. *et al. Large-Scale Assessment of a Smartwatch to Identify Atrial Fibrillation.* ***The New England Journal of Medicine***, v. 381, n. 20, p. 1909-1917, nov. 2019.

RADIN, Jennifer M, WINEINGER, Nathan E., TOPOL, Eric J., STEINHUBL, Steven R. *Large-Scale Assessment of a Smartwatch to Identify Atrial Fibrillation.* ***Lancet Digital Health***, v. 2, p.e85-93, fev. 2020.

SARLET, Gabrielle Bezerra Sales. Notas sobre a Proteção dos Dados Pessoais na Sociedade Informacional na Perspectiva do Atual Sistema Normativo Brasileiro. *In*: LIMA, Cíntia Rosa Pereira de Lima. (coord.). **Comentários à Lei Geral de Proteção de Dados**: Lei n. 13.709/2018, com Alteração da Lei n. 13.853/2019. São Paulo: Almedina, 2020, p. 19-37.

A INTERGERACIONALIDADE COMO PRÁTICA DE RESPONSABILIDADE SOCIAL CORPORATIVA DAS EMPRESAS DO SETOR DE TELECOMUNICAÇÕES

Gabriela Brocadello Junqueira

Introdução

De acordo com o Instituto Brasileiro de Governança Corporativa (IBGC),

> governança corporativa é o sistema pelo qual as empresas e demais organizações são dirigidas, monitoradas e incentivadas, envolvendo os relacionamentos entre sócios, conselho de administração, diretoria, órgãos de fiscalização e controle e demais partes interessadas.[1]

O instituto da governança e seus mecanismos tiveram origem no final do século passado, com a eclosão de diversas fraudes e escândalos corporativos, trazendo inúmeros prejuízos aos acionistas e demais *stakeholders* das companhias.

Nos Estados Unidos da América, intensificou-se o movimento buscando mais transparência e clareza por parte dos

[1] IBGC. **O que é governança corporativa.** São Paulo. 2020. Disponível em: https://www.ibgc.org.br/conhecimento/governanca-corporativa. Acesso em: 20 fev. 2020.

gestores, a fim de que esses demonstrassem o emprego idôneo dos recursos dos acionistas, conjuntura que deu origem aos primeiros códigos de boas práticas, visando garantir proteção aos acionistas e demais *stakeholders*.

Com o advento das melhores práticas de governança e do valor agregado às empresas em razão das boas práticas de conduta, originaram-se os primeiros Conselhos de Administração como figuras autônomas e independentes de gestão.

Foram lançados diversos códigos de melhores práticas em âmbito mundial, que, dentre outras, compactuam das mesmas premissas, como a independência entre a presidência do Conselho de Administração e a presidência da Diretoria, a lisura da prestação de contas, a responsabilidade corporativa e social e a diversidade como prática sustentável de governança corporativa.

No Brasil, a discussão acerca da idoneidade das condutas foi intensificada com a abertura do mercado nacional na década de 90, já que, até então, era um país reconhecido por suas práticas inexpressivas de governança, a exemplo do "ranking elaborado na época, que reuniu 49 países, colocou o Brasil na 43ª posição, em relação às garantias dos direitos dos investidores."[2]

Assim, o fator diversidade tem sido tema recorrente de discussões no meio empresarial e acadêmico, incluindo, mas não se limitando, a questões de gênero, etnia, aspectos culturais e socioeconômicos.

Atento à atualidade do tema, em 2015, o IBGC editou a atual versão do "Código das Melhores Práticas de Governança Corporativa", originariamente lançado em 1999. O documento, em sua 5ª Edição, tem como premissa as evoluções do conceito de

[2] De Carvalho, Antonio Gledson; Black, Bernard S.; Sampaio, Joelson Oliveira. **O Avanço dos Padrões de Governança Corporativa.** São Paulo, FGV EAESP, 2012. Disponível em: https://pesquisa eaesp.fgv.br/publicacoes/gvp/o-avanco-dos-padroes-de-governanca corporativa. Acesso em: 22 fev. 2020.

governança desde a sua criação, especialmente em razão do conceito de cidadania corporativa, que deriva da atuação responsável das companhias.[3]

Nesse sentido, o IBGC, que tem como um de seus valores a diversidade, com "a valorização e incentivo à multiplicidade de ideias e opiniões"[4], recomenda que o Conselho de Administração seja composto por perfis diversos, por entender que "a diversidade de perfis é fundamental, pois permite que a organização se beneficie da pluralidade de argumentos e de um processo de tomada de decisão com maior qualidade e segurança."[5]

Em vista disso, em 2017, foi incorporado ao documento editado em 2015, o Código Brasileiro de Governança para Companhias Abertas, instituído pela Instrução 586 da Comissão de Valores Mobiliários – CVM, que alterou a Instrução 480, a fim de aconselhar as companhias de capital aberto a buscarem membros de perfis diversificados[6], considerando a influência do Conselho de Administração nas práticas corporativas e os impactos nas decisões financeiras das empresas, a fim de que as companhias oportunizassem ricos debates de ideias e a tomada de decisões técnicas, imparciais e fundamentadas.

3 Conforme: CÓDIGO das melhores práticas de governança corporativa. 5.ed. Instituto Brasileiro de Governança Corporativa. São Paulo, SP: IBGC, 2015. Disponível em: https://conhecimento.ibgc.org.br/Lists/Publicacoes/Attachments/21138/Publicacao-IBGCCodigo CodigodasMelhoresPraticas deGC-5aEdicao.pdf. Acesso em: 03 set. 2020.

4 Ibidem. p.3.

5 Ibidem. p. 42.

6 Conforme: CIDADE, Júnia Fontes Vieira. **Diversidade de Gênero nos Conselhos de Administração e Melhoria nos Resultados Financeiros das Companhias de Capital Aberto.** 2019. 42f. Trabalho de Conclusão de Curso (Pós-graduação em Direito dos Mercados Financeiro e de Capitais) – Programa de LLM de Direito dos Mercados Financeiro e de Capitais, INSPER, São Paulo, 2019. Disponível em: http://dspace.insper.edu.br/xmlui/bitstream/handle/11224/2329/J%c3%9aNIA%20FONTES%20VIEIRA%20CIDADE_trabalho.pdf?sequence=1. Acesso em: 07 set. 2020.

Também foram criados o Comitê Diversidade em Conselho e o Programa Diversidade em Conselho, a fim de estimular a diversidade nos Conselhos de Administração das empresas nacionais. A iniciativa foi uma ação do IBGC em conjunto com a Brasil, Bolsa, Balcão (B3), a *International Finance Corporation* (IFC), a Spencer Stuart e a *WomenCorporateDirectors* (WCD).[7]

É claro o pujante movimento que se fortaleceu na última década, em que a sociedade tem cobrado das companhias condutas sociais e sustentáveis não só em relação ao Conselho de Administração, mas como uma prática de gestão consciente e responsável em todo o âmbito organizacional.

Por isso, no presente trabalho, aprofundar-nos-emos acerca da Responsabilidade Social Corporativa (RSC), tendo a diversidade de idade, chamada de intergeracionalidade, como um dos pilares de prática sustentável e responsável de gestão.

A importância do tema se mostra clara à medida que diversos estudos vêm sendo realizados, especialmente quanto às implicações das práticas sociais adotadas pelas empresas e os efeitos econômico-financeiros de tais condutas nos *stakeholders* internos e externos.

A diversidade tem sido um ponto focal de pesquisa e cobertura da mídia nos últimos anos, em grande parte devido à mudança ocorrida no mercado de trabalho com o passar do tempo, como sinal de esforço das organizações para combater a discriminação e promover a igualdade nas posições em todos os níveis.

Assim, o propósito do presente trabalho é entender e observar o papel da intergeracionalidade como prática de RSC, bem como a eventual criação de valor organizacional às companhias. O propósito é alcançar uma conclusão acerca da efetiva prática

[7] IBGC. **Programa Diversidade em Conselho.** São Paulo. Disponível em: https://www.ibgc.org.br/ advocacy/diversidade. Acesso em: 31 jan. 2021.

da diversidade etária, em todos os níveis, pelas companhias que são objeto do estudo.

A discussão aqui inserida, portanto, utilizará o método indutivo, ao passo que estudará relatórios de sustentabilidade de grandes empresas para medição da governança corporativa focada no pilar da intergeracionalidade.

Desta forma, o trabalho se baseará em duas vertentes, sendo a primeira a revisão bibliográfica para conceituar termos fundamentais para a monografia, com o estudo de artigos, pesquisas já existentes e obras de autores que já visitaram este assunto, no Brasil e no mundo; a segunda vertente consistirá na pesquisa qualitativa descritiva básica, com base nos relatórios de sustentabilidade de grandes empresas, referentes à medição da governança corporativa através do pilar da intergeracionalidade, com a finalidade de chegar a uma conclusão.

1. Breve cenário da governança corporativa e a definição de ageísmo

A evolução das práticas de governança corporativa no Brasil e no mundo, bem como a modernização da sociedade tradicional, ensejaram a discussão de um novo modelo de gestão também no aspecto inclusivo, de modo que a diversidade, como um todo, vem sendo exigida como prática responsável de governança.

Dentre os diversos aspectos da governança corporativa, os gestores, diretores e acionistas das empresas enfrentam atualmente a controvérsia quanto ao papel da diversidade da intergeracionalidade.

O tema é recente e atual, especialmente devido à força do movimento que busca por transparência, igualdade, inclusão e diversidade nas companhias, como fator gerador de valor para as empresas, acionistas e *stakeholders*.

Apesar da unanimidade quanto à importância das boas práticas de governança, há um aumento da pressão mundial para que as companhias de fato adotem práticas socialmente responsáveis, incluindo a promoção de relações entre diferentes gerações de jovens e idosos, beneficiando a pluralidade de argumentos nas tomadas de decisões e a agregação de valor às empresas.

Diante da modernização da sociedade e dos aspectos contemplados em responsabilidade corporativa, a intergeracionalidade dentro das empresas possui ampla aplicação e urgência de debate, haja vista os escassos artigos sobre o assunto e o escasso progresso desde a criação do CBGC.

O debate acerca da intergeracionalidade, ponto focal do presente estudo, mostra-se extremamente importante. Isso porque, de acordo com os dados demográficos da Divisão de População da ONU, o ano de 2019 foi um marco no processo de envelhecimento da população global, em que, pela primeira vez na história, o número de idosos de 65 anos e de mais idade superou o número de crianças pequenas de 0 a 4 anos.[8]

No Brasil, tal marco ocorreu ainda em 2013, de modo que é esperado que em 2037 o número de idosos de 65 anos ou mais ultrapasse o número de crianças e jovens de 0 a 14 anos, demonstrando, assim, que o país está mais adiantado no processo de envelhecimento se comparado com o resto do globo.[9]

Contudo, ainda que a população esteja envelhecendo rapidamente, as empresas ainda supervalorizam e privilegiam a juventude, discriminando indivíduos em razão do preconceito internalizado com os seniores, chamado de ageísmo, termo criado pelo gerontologista norte-americano Robert Butler, que "refere-se essencialmente às atitudes que os indivíduos e

[8] Conforme: Alves, José Eustáquio Diniz. O mundo com mais idosos do que crianças pequenas a partir de 2019. **Eco Debate**, 05 jun. 2019. Disponível em: https://www.ecodebate.com.br/2019/06/05/o-mundo-com-mais-idosos-do-que-criancas-pequenas-a-partir-de-2019-artigo-de-jose-eustaquio-diniz-alves/. Acesso em: 19 set. 2020.

[9] Ibidem.

a sociedade têm frequentemente com os demais em função da idade"[10].

Segundo Helal e Silva[11], o termo ageísmo adveio da língua inglesa, através da palavra *ageism*, em que "*age*" significa idade. Pode-se entender melhor na explicação de França[12]:

> O termo ageísmo ou preconceito de idade foi concebido por Butler[13], como um processo de estereotipar sistematicamente e discriminar pessoas por meio da idade, afetando as decisões de contratar pessoas, cuidados médicos e a política social. Goldani[14] diferencia ageísmo da discriminação por idade, considerando o

[10] Goldani, Ana Maria. "Ageismo" no Brasil: o que significa? quem pratica? o que fazer com isto? **Revista Brasileira de Estudos da População**, v. 27, n. 2, p. 385-405, 2010. Disponível em: https://www.scielo.br/scielo.php?pid=S0102-30982010000200009&script=sci_abstract&tlng=pt.Acesso em: 19 set. 2020.

[11] Helal, Diogo Henrique; Silva, Romário Alves da. AGEÍSMO NAS ORGANIZAÇÕES: um estudo em uma rede de distribuição de autopeças na Região Nordeste. *In:* XXII SEMEAD SEMINÁRIOS EM ADMINISTRAÇÃO, 22., 2019, São Paulo. **Anais...** São Paulo: FEAUSP, 2019. Disponível em: http://login.semead.com.br/22semead/anais/arquivos/364.pdf. Acesso em: 26 set. 2020.

[12] França, Lucia Helena de Freitas Pinho *et al.* Ageismo no contexto organizacional: a percepção de trabalhadores brasileiros. **Revista Brasileira de Geriatria e Gerontologia**, v. 20, n. 6, p. 765-777 2017. Disponível em: https://www.scielo.br/pdf/rbgg/v20n6/pt_1809-9823-rbgg-20-06-00762.pdf. Acesso em: 26 set. 2020. p. 766.

[13] Butler, 1980 citado por França, Lucia Helena de Freitas Pinho, *et al.* Ageismo no contexto organizacional: a percepção de trabalhadores brasileiros. **Revista Brasileira de Geriatria e Gerontologia**, v. 20, n. 6, p. 765-777, 2017. Disponível em: https://www.scielo.br/pdf/rbgg/v20n6/pt_1809-9823-rbgg-20-06-00762.pdf. Acesso em: 26 set. 2020.

[14] Goldani, 2010 citado por França, Lucia Helena de Freitas Pinho *et al.* Ageismo no contexto organizacional: a percepção de trabalhadores brasileiros. **Revista Brasileira de Geriatria e Gerontologia**, v. 20, n. 6, p. 765-777, 2017. Disponível em: https://www.scielo.br/pdf/rbgg/v20n6/pt_1809-9823-rbgg-20-06-00762.pdf. Acesso em: 26 set.2020.

primeiro como um sistema de atitudes atribuído pelos indivíduos e pela sociedade para os outros em razão da idade, enquanto o segundo exclui as pessoas simplesmente utilizando a idade como fator decisivo.

Com efeito, muito se fala atualmente sobre melhores práticas com relação à raça e gênero, além da necessidade de inclusão das pessoas com deficiência. Entretanto, o ageísmo é pouco discutido, embora esteja arraigado, de maneira velada, na cultura das grandes empresas de diversos setores.

Embora a mudança seja gradativa e lenta, os investidores também têm exigido práticas sustentáveis e condições igualitárias das empresas, especialmente segundo o pilar da intergeracionalidade, já que a população mais velha almeja, cada vez mais, sua permanência no mercado de trabalho por diversos motivos, dentre eles aumentar os recursos financeiros e permanecer socialmente vivo.

Por isso, no Brasil, as empresas estão cada vez mais atentas à importância da diversidade e seus aspectos como fator gerador de valor, especialmente por acreditarem que a diversidade possui o poder de afetar o valor financeiro a curto e longo prazo das empresas.

Com isso, o próximo capítulo terá o condão de analisar de forma prática o ageísmo organizacional, através da identificação dos aspectos de gestão de pessoas das empresas estudadas, buscando relacionar os indicadores apresentados por elas nos Relatórios de Sustentabilidade dos últimos 3 exercícios.

2. Relatório de Sustentabilidade e avaliação dos indicadores de gestão de pessoas quanto à faixa etária

O Relatório de Sustentabilidade é baseado em diretrizes estabelecidas pelo *Global Reporting Initiative* (GRI), surgido de uma iniciativa global em meados dos anos 90.

As diretrizes GRI para elaboração do relatório oferecem às companhias princípios, conteúdos e orientação para a implementação e desenvolvimento do Relatório de Sustentabilidade. Além disso, instituem uma conduta internacional, a fim de padronizar a divulgação das informações organizacionais em diversos âmbitos.

Em que pese o caráter voluntário e independente do Relatório, a companhia que adota tal prática obtém reconhecimento da sociedade e dos investidores, uma vez que a empresa apresenta ao público e aos *stakeholders* os indicadores de desempenho, inclusive quanto à gestão de pessoas, e da diversidade como prática sustentável de governança corporativa.

No entanto, apesar da reconhecida importância do Relatório, em julho de 2020, o Instituto Brasileiro de Geografia e Estatística (IBGE) publicou uma importante pesquisa, cujo objetivo era "conhecer a frequência de empresas, inovadoras e não inovadoras, que publicam relatórios anuais de sustentabilidade"[15], a partir do qual dados alarmantes foram trazidos à tona.

De acordo com o IBGE, do universo de 116,9 mil empresas, apenas 4,8 mil publicaram relatórios de sustentabilidade no período de 2015 a 2017, correspondente à apenas 4,1% do total de companhias envolvidas.[16]

A pesquisa também constatou que o setor de serviços, um dos maiores empregadores do país, representa o inexpressivo percentual de 1% de empresas que publicam o Relatório de Sustentabilidade.

[15] IBGE. **Sustentabilidade e inovação ambiental.** IBGE, 2020. 19p. Disponível em: https://agenciadenoticias.ibge.gov.br/media/com_mediaibge/arquivos/1878ebcf2a2d9a82f7dc52b2038041c4.pdf. Acesso em: 28 set.2020. n/p.

[16] Conforme: Villas Boas, Bruno. Somente 4,1% das empresas têm relatório de sustentabilidade, aponta IBGE. **Valor Econômico,** 03 jul.2020. Disponível em: https://valor.globo.com/brasil/noticia/2020/07/03/somente-41percent-das-empresas-tem-relatorio-de-sustentabilidade-aponta-ibge.ghtml. Acesso em: 28 set. 2020.

A partir destes dados, analisaremos os Relatórios de Sustentabilidade publicados de acordo com as premissas da GRI, a fim de constatar se as empresas do mercado de telecomunicações são sustentáveis do ponto de vista intergeracional, através dos indicadores de gestão de pessoas e faixa etária dos últimos 3 exercícios.

Assim, foram escolhidas 4 empresas de renome do setor de telecomunicações, dentre as quais publicam os Relatórios de Sustentabilidade, utilizando os preceitos do GRI, quais sejam: Telefônica Brasil S.A., Tim Participações S.A., Sky Serviços de Banda Larga Ltda. e Algar Telecom S.A.

Com uma informação muito relevante para o estudo, a Tim, em seu relatório, utiliza indicadores diversos das demais empresas estudadas.

O GRI, embora não indique diretrizes específicas para a subdivisão das faixas etárias, menciona:

> NÚMERO TOTAL E TAXAS DE NOVAS CONTRATAÇÕES DE EMPREGADOS E ROTATIVIDADE POR FAIXA ETÁRIA, GÊNERO E REGIÃO
>
> a. Relate o número total e a taxa de novas contratações de empregados durante o período coberto pelo relatório, discriminados por faixa etária, gênero e região.
>
> b. Relate o número total e a taxa de rotatividade de empregados durante o período coberto pelo relatório, discriminados por faixa etária, gênero e região.[17]

Com efeito, embora não haja menção específica no GRI acerca da subdivisão das faixas etárias, verifica-se que é praxe

[17] GRI. **G4 Diretrizes para Relato de Sustentabilidade**. Amsterdã: Global Reporting Initiative, 2015. Disponível em: https://edisciplinas.usp.br/pluginfile.php/4930395/mod_resource/content/1/GRI%20Brazilian-Portuguese-G4-Part-One.pdf. Acesso em: 28 set. 2020. p. 65.

que as empresas utilizem os critérios de faixa etária distribuídos em até 30 anos, entre 30 e 50 anos e acima de 50 anos, padrão distinto do adotado pela Tim[18], que, em seu quadro de empregados por faixa etária, utiliza as subdivisões de funcionários até 35 anos, de 36 a 45 anos, de 45 a 60 anos e indivíduos acima de 60 anos.

Por isso, como indicadores da Tim, a autora utilizará as faixas de empregados até 35 anos; de 36 a 45 anos; bem como uma única subdivisão com a somatória das faixas dos funcionários de 45 a 60 anos e acima de 60 anos, em razão da importância do estudo e da ausência de publicação de Relatórios de Sustentabilidade pelas demais empresas de telecomunicações do país, especialmente da Claro, uma das maiores empresas do setor.

2.1. Releitura dos indicadores de gestão de pessoas quanto à faixa etária

Conforme exposto na tabela abaixo, no aspecto de gestão de pessoas por faixa etária, a empresa Telefônica apresentou, nos anos de 2017 e 2018, o percentual de 6% de sua força de trabalho composta por pessoas com idade mais avançada[19]. De acordo

[18] TIM. **Relatório de Sustentabilidade.** Rio de Janeiro: Tim Participações S.A, 2020. 122p. Disponível em: https://www.tim.com.br/sp/sobre-a-tim/sustentabilidade/relatorio-de-sustentabilidade. Acesso em: 01 out. 2020.

[19] TELEFÔNICA. **Relatório de Sustentabilidade.** Telefônica Brasil S.A, 2017. 99p. Disponível em: https://www.telefonica.com.br/servlet/Satellite?blobcol=urldata&blobheader=application%2Fpdf&blobkey=id&blobtable=MungoBlobs&blobwhere=1385589982466&ssbinary=true. Acesso em: 01 out. 2020. TELEFÔNICA. **Relatório de Sustentabilidade.** Telefônica Brasil S.A, 2018. 112p. Disponível em: https://www.telefonica.com.br/servlet/Satellite?blobcol=urldata&blobheader=application%2Fpdf&blobkey=id&blobtable=MungoBlobs&blobwhere=1385589800244&ssbinary=true. Acesso em: 01 out. 2020. TELEFÔNICA. **Relatório de Sustentabilidade.** Telefônica Brasil S.A, 2019. 122p. Disponível em: https://www.telefonica.com.br/servlet/Satellite?blobcol=urldata&blobheader=application%2Fpdf&blobkey=id&blobtable=MungoBlobs&blobwhere=1385590195161&ssbinary=true. Acesso em: 01 out. 2020.

com os indicadores, o ano de 2019 apresentou um crescimento médio de aproximadamente 7%, em razão do aumento de 0,4% de funcionários acima de 50 anos, a despeito de ser a maior empregadora em números totais.

Embora a Tim utilize critérios diferentes das demais companhias em seus Relatórios, conforme exposto acima, dentre as empresas estudadas, é a que apresenta o maior percentual de funcionários com idade avançada, chegando ao percentual médio dos últimos três relatórios de 11,20% de funcionários em idade superior a 45 anos[20].

A Sky, conquanto possua número de funcionários totais expressamente inferior às demais empresas, tem destaque negativo, por ser a companhia que apresenta a menor média de intergeracionalidade dos últimos três relatórios, pois possui 6% do seu quadro de funcionários com pessoas acima de 50 anos[21].

[20] TIM. **Relatório de Sustentabilidade.** Tim Participações S.A, 2017. 107p. Disponível em: https://www.tim.com.br/Portal_Conteudo/_staticfiles/sobre-a-tim/sustentabilidade/relatorio-de-sustentabilidade/Relatorio-sustentabilidade-2017.pdf. Acesso em: 01 out. 2020.
TIM. **Relatório de Sustentabilidade.** Tim Participações S.A, 2018. 110p. Disponível em: https://www.tim.com.br/Portal_Conteudo/_staticfiles/sobre-a-tim/sustentabilidade/relatorio-de-sustentabilidade/relatorio_sustentabilidade_2018_versao_completa.pdf. Acesso em: 01 out. 2020.
TIM. **Relatório de Sustentabilidade.** Tim Participações S.A, 2019. 122p. Disponível em: https://www.tim.com.br/Portal_Conteudo/_staticfiles/sobre-a-tim/sustentabilidade/relatorio-de-sustentabilidade/relatorio_sustentabilidade_2019_versao_completa.pdf. Acesso em: 01 out. 2020.

[21] SKY. **Relatório de Sustentabilidade.** Sky Serviços de Banda Larga Ltda, 2017. 76p. Disponível em: https://skysustentabilidade.com/2017/pdf/RelatoriodeSustentabilidade_SKYBrasil.pdf. Acesso em: 01 out. 2020.
SKY. **Relatório de Sustentabilidade.** Sky Serviços de Banda Larga Ltda, 2018. 60p. Disponível em: http://skysustentabilidade.com/2018/brasil/2018.pdf. Acesso em: 01 out. 2020.
SKY. **Relatório de Sustentabilidade.** Sky Serviços de Banda Larga Ltda, 2019. 38p. Disponível em: https://skysustentabilidade.com/pdf/Reporte_Consolidado_Sky.pdf. Acesso em: 01 out. 2020.

Quanto à Algar, a Tabela abaixo demonstra o crescimento significativo dos funcionários mais velhos, passando dos 6,7% em 2017 para 8,6% em 2019[22], representando, assim, um aumento aproximado de 28% no indicador de empregados acima de 50 anos.

Tabela 1 – Indicadores de Faixa Etária

Empresa	Telefônica			Tim*			Sky			Algar		
Ano	2017	2018	2019	2017	2018	2019	2017	2018	2019	2017	2018	2019
Total de Colaboradores	33.622	32.638	32.793	10.093	10.076	10.167	1.838	1794	1.494	3.934	4.544	4.416
Até 30 anos	32,0%	30,0%	27,4%	61,1%	57,0%	55,0%	19,7%	22,7%	22,0%	30,3%	32,6%	27,9%
Entre 30 e 50 anos	62,0%	64,0%	66,2%	28,8%	31,7%	32,8%	73,9%	71,6%	72,0%	63,1%	59,1%	63,5%
Acima de 50 anos	6,0%	6,0%	6,4%	10,1%	11,3%	12,2%	6,4%	5,6%	6,0%	6,7%	8,3%	8,6%
Média Trienal	6,13%			11,20%			6,00%			7,87%		

Fonte: Elaborado pela autora.

* A Tim utiliza padrão diverso do adotado pelas demais empresas em seu quadro de empregados por faixa etária, constando subdivisões de funcionários até 35 anos, de 36 a 45 anos, de 45 a 60 anos e indivíduos acima de 60 anos. Por essa razão, a autora utilizou as faixas de empregados até 35 anos; de 36 a 45 anos; bem como uma única subdivisão com a somatória das faixas dos funcionários de 45 a 60 anos e acima de 60 anos.

2.2 Análise dos resultados

A partir dos dados demonstrados acima, e apesar do progresso quanto à ampla divulgação e transparência dos principais indicadores de gestão de pessoas, é possível constatar que a sustentabilidade organizacional evolui lentamente no país.

Em referência, a Telefônica, uma das empresas que são objeto do presente estudo, informa em seu Relatório de Sustentabilidade que teria avançado no entendimento da importância da

[22] ALGAR. **Relatório de Sustentabilidade.** Uberlândia: Algar Telecom S.A, 2019. 101p. Disponível em: https://algar2019.blendon.com.br/pdf/. Acesso em: 01 out. 2020.

diversidade de pensamentos, posicionamento e gerações.[23] Contudo, é a maior empregadora do ramo, possuindo atualmente 32.793 colaboradores, de modo que apenas quase 2 mil são indivíduos acima de 50 anos.

Ademais, se considerarmos que estiveram presentes na amostra as maiores empresas do setor, que juntas empregam aproximadamente 49 mil funcionários, apenas 3.809 são trabalhadores acima de 50 anos, demonstrando a real necessidade de autodesenvolvimento pelas empresas e a ampliação da consciência sobre a sustentabilidade organizacional.

Assim, embora as companhias que fazem parte do presente estudo se autodenominem empresas inclusivas e representantes da diversidade, na prática, o pilar da intergeracionalidade possui pouca representatividade.

3. A intergeracionalidade como um dos pilares da responsabilidade social corporativa e práticas para combater o ageísmo

As companhias estão cada vez mais atentas à importância da diversidade e seus aspectos como fator gerador de valor, especialmente por acreditarem que a diversidade possui o poder de afetar o valor financeiro a curto e longo prazo das empresas.

Contudo, a análise dos Relatórios de Sustentabilidade das empresas objeto do presente estudo demonstrou a inexistente evolução das práticas sustentáveis de governança corporativa no âmbito da intergeracionalidade.

Além dos expressivos riscos e oportunidades que as práticas de governança oferecem às empresas[24], também se almeja, com

[23] TELEFÔNICA. **Relatório de Sustentabilidade.** Telefônica Brasil S.A, 2019. Disponível em: https://www.telefonica.com.br/servlet/Satellite?blobcol=urldata&blobheader=application%2Fpdf&blobkey=id&blobtable=MungoBlobs&blobwhere=1385590195161&ssbinary=true. Acesso em: 01 out. 2020. p. 41.

[24] *"CSR issues can represent significant risks and opportunities to company performance. Oversight of social and environmental risk management and CSR performance therefore*

a responsabilidade corporativa social, que tais condutas sejam impostas não só aos Conselhos de Administração das companhias, que são um dos principais instrumentos de governança corporativa, mas sim à integralidade da força de trabalho.

De acordo com a pesquisa realizada por Brugni *et al.*[25], que analisou 414 empresas nacionais e seus conselheiros, a média de idade dos conselheiros de administração no Brasil é de 56 anos.

Ou seja, muito embora os Conselhos de Administração sejam ocupados por indivíduos acima de 50 anos, tal similitude não se aplica aos demais níveis hierárquicos de posições, conforme pesquisa apresentada no XI Congresso Nacional de Excelência em Gestão, realizado em 13 e 14 de agosto de 2015.

O estudo buscava verificar a diversidade das organizações e o decorrente impacto financeiro positivo, através dos critérios abaixo, bem como do mapeamento do perfil de composição dos colaboradores de 30 empresas, dentre as 100 melhores empresas para se trabalhar, de acordo com a Revista Época de 2012, Edição Especial:

> (...) As 30 empresas foram dividias em 6 segmentos de atuação: Produção e Manufatura, Serviços Financeiros e Seguros, Tecnologia, Telecomunicações, Transportes e Varejo. Após agrupar as empresas por segmento de atuação, analisou-se o perfil de diversidade por segmento. Para mapear o perfil de diversidade das organizações estudadas, foram elaborados diversos gráficos.

need to be incorporated into board governance to ensure that long term shareholder and stakeholder interests are protected and promoted."
BALDWIN, Andrea *et al.* **Governance for Sustainability.** Disponível em: https://www.ic.gc.ca/eic/site/csr-rse.nsf/eng/h_rs00577.html. Acesso em: 03 mar.2020.

25 BRUGNI, Talles Viann *et al.* Conselhos de Administração Brasileiros: uma análise à luz dos Formulários de Referência. **Advances in Scientific and Applied Accounting**, v. 11, n. 1, jan.-abr., 2018. Disponível em: https://asaa.anpcont.org.br/index.php/asaa/article/view/353. Acesso em: 30 set. 2020.

As variáveis escolhidas como objeto deste estudo foram as variáveis de diversidade: gênero, idade, nacionalidade e educação formal[26].

O setor de serviços financeiros e seguros, assim como o de telecomunicações, objeto do presente trabalho, faz parte do segmento de serviços, também chamado de setor terciário.

A pesquisa revelou, através da análise de resultados, que todos os segmentos apresentaram predominância de funcionários na faixa de 26 a 34 anos, com exceção do segmento de Tecnologia, em que o número de jovens adultos maiores de 45 anos supera o de jovens menores de 25.

Além disso, apenas 9% dos colaboradores das empresas do setor de telecomunicações possuem mais de 45 anos, conforme demonstra a figura abaixo.

Figura 1 – Diagrama da distribuição de funcionários por faixa etária

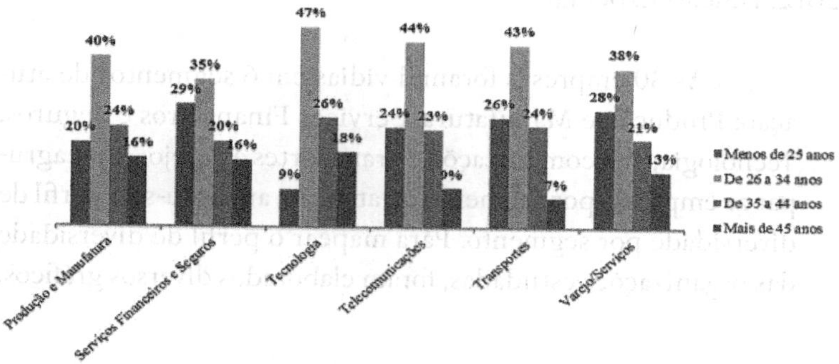

Fonte: XI Congresso Nacional de Excelência em Gestão[27]

[26] Barreiro, Jose Henrique de L. C. Dieguez *et al.* Diversidade nas Organizações: Uma Análise de Resultados. *In:* XI CONGRESSO NACIONAL DE EXCELÊNCIA EM GESTÃO, 11., 2015, Rio de Janeiro. Disponível em: https://www.inovarse.org/sites/default/files/T_15_353_11.pdf. Acesso em: 02 out.2020.

[27] Ibidem.

Outra pesquisa de interesse nesse sentido foi conduzida em 2016 pelo Instituto Ethos em cooperação com o Banco Interamericano de Desenvolvimento, e revelou que os níveis hierárquicos das empresas são ocupados em grande maioria por funcionários da faixa de 25 a 45 anos.[28]

A pesquisa mostrou, ainda, que o desnível é ainda maior em relação aos funcionários de 56 anos ou mais, uma vez que os colaboradores dessa faixa etária ou mais ocupam apenas 5,9% do quadro de pessoal, considerando os cinco níveis utilizados no estudo, de conselho, quadro executivo, gerência, supervisão e quadro funcional[29].

Ainda de acordo com a pesquisa realizada pelo Instituto Ethos, mais de 80% das empresas participantes do estudo, quando indagadas, declararam não possuir nenhuma medida de incentivo à presença de funcionários acima de 45 anos em seus quadros.[30] Ainda, o estudo detectou que as companhias que afirmaram adotar medidas neste sentido se limitam em maior proporção a ações pontuais, de modo que apenas 5,1% das empresas possuem ações planejadas quanto ao tema e são, em números absolutos, apenas 6 companhias, de um total de 117 empresas participantes da pesquisa.[31]

Torna-se incontestável, portanto, que não há equilíbrio no mundo corporativo quanto à distribuição da força de trabalho em diferentes faixas etárias, em que pese as empresas estarem cada vez mais atentas à importância da diversidade e seus aspectos como fator gerador de valor, especialmente por acreditarem

[28] PERFIL Social, Racial e de Gênero das 500 maiores empresas do Brasil e suas ações afirmativas. São Paulo: Instituto Ethos, 2016. 96p. Disponível em: https://issuu.com/institutoethos/docs/perfil_social_tacial_genero_500empr. Acesso em: 02 out. 2020.

[29] Ibidem.

[30] Ibidem.

[31] Ibidem.

que a diversidade possui o poder de afetar o valor financeiro a curto e longo prazo das empresas.

Embora a mudança seja gradativa e lenta, os investidores têm exigido práticas inclusivas e condições igualitárias das empresas, especialmente segundo o pilar da intergeracionalidade, uma vez que cresce o número de indivíduos mais velhos pleiteando a permanência no mercado de trabalho, seja pelo convívio social ou pela necessidade de complementação dos recursos financeiros.

Na prática, as empresas de telecomunicações estudadas, apesar de afirmarem o compromisso com a valorização da diversidade e promoção da inclusão, ainda precisam evoluir nas políticas de RSC, contribuindo para a sustentabilidade da empresa e melhora na imagem da organização como gerador de valor aos acionistas e demais *stakeholders*.

Como medida para assegurar a intergeracionalidade, é de extrema importância que as companhias estabeleçam critérios claros e objetivos de avaliação, "com processos transparentes, justos e livres de vieses para contratar, avaliar, promover e engajar uma força de trabalho diversificada"[32], não tolerando o ageísmo arraigado institucionalmente.

Assim, a adoção de estratégias globais de diversidade e a assunção de compromissos, pela liderança, revela-se indispensável para auxiliar o desenvolvimento da sustentabilidade organizacional, sobretudo com a capacitação dos profissionais acima de 45 anos e a implementação de programas especiais para pessoas dessa faixa etária, promovendo um ambiente em que todos tenham igualdade de condições.

[32] VALE. **Relatório de Sustentabilidade.** Vale S.A, 2019. 136p. Disponível em: http://www.vale.com/PT/investors/information-market/annual-reports/sustainability-reports/Sustentabilidade/Relatorio_sustentabilidade_vale_2019_alta_pt.pdf. Acesso em: 01 out. 2020. p. 80.

Conclusões

O objetivo do presente estudo foi alcançar uma conclusão acerca da efetiva prática da diversidade etária, em todos os níveis, pelas companhias estudadas, através da análise da responsabilidade social corporativa pelo viés da intergeracionalidade, bem como a eventual criação de valor organizacional às companhias.

O tema se mostrou relevante uma vez que muito se fala sobre a igualdade de condições às pessoas diversas no ponto de vista de raça e gênero, sendo pouco abordado da perspectiva da intergeracionalidade e do ageísmo institucional arraigado nas organizações. Além disso, diferentes estudos vêm sendo realizados, especialmente quanto às implicações das práticas sociais adotadas pelas empresas e os efeitos econômico-financeiros de tais condutas nos *stakeholders* internos e externos, embora a análise dos indicadores de Relatórios de Sustentabilidade das empresas ainda seja pouco difundida.

Foi abordado também a evolução da sociedade, que tem exigido das companhias condutas justas, igualitárias e transparentes, fazendo com que a sustentabilidade se torne prática essencial para as corporações que almejam a melhora em sua imagem organizacional como criação de valor aos acionistas e *stakeholders*.

Em face disso, a autora se propôs a analisar os Relatórios de Sustentabilidade das empresas de telecomunicações Telefônica, Tim, Sky e Algar, quando identificou que as organizações envolvidas no presente estudo empregam apenas 3.809 trabalhadores acima de 50 anos, embora sejam diretamente responsáveis pela geração de mais de 49 mil postos de trabalho.

O presente trabalho foi limitado em certa medida, dado que a Claro, uma das maiores empresas do setor de telecomunicações não publicou, até o presente momento, Relatórios de Sustentabilidade.

Contudo, o resultado obtido é corroborado pela pesquisa conduzida no XI Congresso Nacional de Excelência em Gestão, realizado em 13 e 14 de agosto de 2015, que constatou a homogeneidade de colaboradores por faixa etária, inclusive do setor de telecomunicações, em que apenas 9% dos colaboradores possuíam mais de 45 anos.

Em igual sentido, o estudo conduzido pelo Instituto Ethos em cooperação com o Banco Interamericano de Desenvolvimento, no ano de 2016, trouxe dados alarmantes ao demonstrar que apenas 5,9% do quadro de pessoal das empresas participantes do estudo era composto por colaboradores da faixa de 56 anos ou mais. O ageísmo e a desinformação também foram confirmados com o resultado apresentado na pesquisa, que concluiu que apenas 5,1% das empresas possuem ações planejadas para assegurar a igualdade de condições e boas práticas de governança do viés da intergeracionalidade.

Assim, é possível concluir que, na prática, a diversidade e a inclusão, do ponto de vista da intergeracionalidade, ainda são incipientes, apesar de afirmarem as empresas o compromisso com a sustentabilidade organizacional e políticas de RSC.

Por isso, a autora abordou medidas a serem adotadas pelas companhias que buscam evolução quanto às práticas pouco expressivas de governança e responsabilidade social corporativa pela perspectiva da faixa etária, como a adoção de processos de contratação e promoção justos, claros e transparentes, além do investimento em capacitação dos trabalhadores com idade avançada e a adoção prática de estratégias visando a igualdade de oportunidades e o acolhimento e inclusão de pessoas diversas.

Referências

ALGAR. **Relatório de Sustentabilidade.** Uberlândia: Algar Telecom S.A, 2020. Disponível em: https://algar2019.blendon.com.br/pdf. Acesso em: 01 out. 2020.

ALVES, José Eustáquio Diniz. O mundo com mais idosos do que crianças pequenas a partir de 2019. **Eco Debate**, 05 jun. 2019. Disponível em:

https://www.ecodebate.com.br/2019/06/05/o-mundo-com-mais-idosos--do-que-criancas-pequenas-a-partir-de-2019-artigo-de-jose-eustaquio--diniz-alves/. Acesso em: 19 set. 2020.

BALDWIN, Andrea *et al.* **Governance for Sustainability.** Disponível em: https://www.ic.gc.ca/eic/site/csr-rse.nsf/eng/h_rs00577.html. Acesso em: 03 mar. 2020.

BARREIRO, Jose Henrique de L. C. Dieguez *et al.* Diversidade nas Organizações: Uma Análise de Resultados. *In:* XI CONGRESSO NACIONAL DE EXCELÊNCIA EM GESTÃO, 11., 2015, Rio de Janeiro. Disponível em: https://www.inovarse.org/sites/default/files/T_15_353_11.pdf. Acesso em: 02 out. 2020.

BRUGNI, Talles Viann *et al.* Conselhos de Administração Brasileiros: uma análise à luz dos Formulários de Referência. **Advances in Scientific and Applied Accounting**, v. 11, n. 1, jan.-abr., 2018. Disponível em: https://asaa.anpcont.org.br/index.php/asaa/article/view/353. Acesso em: 30 set. 2020.

CIDADE, Júnia Fontes Vieira. **Diversidade de Gênero nos Conselhos de Administração e Melhoria nos Resultados Financeiros das Companhias de Capital Aberto.** 2019. 42f. Trabalho de Conclusão de Curso (Pós-graduação em Direito dos Mercados Financeiro e de Capitais) – Programa de LLM de Direito dos Mercados Financeiro e de Capitais, INSPER, São Paulo, 2019. Disponível em: http://dspace.insper.edu.br/xmlui/bitstream/handle/11224/2329/J%c3%9aNIA%20FONTES%20VIEIRA%20CIDADE_trabalho.pdf?sequence=1. Acesso em: 07 set. 2020.

CÓDIGO das melhores práticas de governança corporativa. 5.ed. Instituto Brasileiro de Governança Corporativa. São Paulo, SP: IBGC, 2015. Disponível em: www.ibgc.org.br. Acesso em: 03 set. 2020.

DE CARVALHO, Antonio Gledson; BLACK, Bernard S.; SAMPAIO, Joelson Oliveira. **O Avanço dos Padrões de Governança Corporativa.** São Paulo, FGV EAESP, 2012. Disponível em: https://pesquisa eaesp.fgv.br/publicacoes/gvp/o-avanco-dos-padroes-de-governanca corporativa. Acesso em: 22 fev. 2020.

FRANÇA, Lucia Helena de Freitas Pinho *et al.* Ageismo no contexto organizacional: a percepção de trabalhadores brasileiros. **Revista Brasileira de Geriatria e Gerontologia**, v. 20, n. 6, p. 765-777 2017. Disponível em: https://www.scielo.br/pdf/rbgg/v20n6/pt_1809-9823-rbgg-20-06-00762.pdf. Acesso em: 26 set. 2020.

GOLDANI, Ana Maria. "Ageismo" no Brasil: o que significa? quem pratica? o que fazer com isto? **Revista Brasileira de Estudos da População**, v.

27, n. 2, p. 385-405, 2010. Disponível em: https://www.scielo.br/scielo.php?pid=S0102309820100002000009&script=sci_abstract&tlng=pt. Acesso em: 19 set. 2020.

GRI. **G4 Diretrizes para Relato de Sustentabilidade**. Amsterdã: Global Reporting Initiative, 2015. Disponível em: https://edisciplinas.usp.br/pluginfile.php/4930395/mod_resource/content/1/GRI%20Brazilian-Portuguese-G4-Part-One.pdf. Acesso em: 28 set. 2020.

HELAL, Diogo Henrique; SILVA, Romário Alves da. AGEÍSMO NAS ORGANIZAÇÕES: um estudo em uma rede de distribuição de autopeças na Região Nordeste. *In:* XXII SEMEAD SEMINÁRIOS EM ADMINISTRAÇÃO, 22., 2019, São Paulo. **Anais...** São Paulo: FEAUSP, 2019. Disponível em: http://login.semead.com.br/22semead/anais/arquivos/364.pdf. Acesso em: 26 set. 2020.

IBGC. **O que é governança corporativa.** São Paulo. c2020. Disponível em: https://www.ibgc.org.br/conhecimento/governanca-corporativa. Acesso em: 20 fev. 2020.

IBGC. **Programa Diversidade em Conselho.** São Paulo. Disponível em: https://www.ibgc.org.br/advocacy/diversidade. Acesso em: 31 jan. 2021.

IBGE. **Sustentabilidade e inovação ambiental.** IBGE, 2020. 19p. Disponível em: https://agenciadenoticias.ibge.gov.br/media/com_mediaibge/arquivos/1878ebcf2a2d9a82f7dc52b2038041c4.pdf. Acesso em: 28 set.2020.

PERFIL Social, Racial e de Gênero das 500 maiores empresas do Brasil e suas ações afirmativas. São Paulo: Instituto Ethos, 2016. 96p. Disponível em: https://issuu.com/institutoethos/docs/perfil_social_tacial_genero_500empr. Acesso em: 02 out. 2020.

SKY. **Relatório de Sustentabilidade**. Sky Serviços de Banda Larga Ltda, 2017. 76p. Disponível em: https://skysustentabilidade.com/2017/pdf/RelatoriodeSustentabilidade_SKYBrasil.pdf. Acesso em: 01 out. 2020.

SKY. **Relatório de Sustentabilidade.** Sky Serviços de Banda Larga Ltda, 2018. 60p. Disponível em: http://skysustentabilidade.com/2018/brasil/2018.pdf. Acesso em: 01 out. 2020.

SKY. **Relatório de Sustentabilidade.** Sky Serviços de Banda Larga Ltda, 2019. 38p. Disponível em: https://skysustentabilidade.com/. Acesso em: 01 out. 2020.

TELEFÔNICA. **Relatório de Sustentabilidade**. Telefônica Brasil S.A, 2017. 99p. Disponível em: https://www.telefonica.com.br/servlet/Satellite?blobcol=urldata&blobheader=application%2Fpdf&blobkey=id&blobtable=MungoBlobs&blobwhere=1385589982466&ssbinary=true. Acesso em: 01 out. 2020.

TELEFÔNICA. **Relatório de Sustentabilidade**. Telefônica Brasil S.A, 2018. 112p. Disponível em: https://www.telefonica.com.br/servlet/Satellite?blobcol=urldata&blobheader=application%2Fpdf&blobkey=id&blobtable=MungoBlobs&blobwhere=1385589800244&ssbinary=true. Acesso em: 01 out. 2020.

TELEFÔNICA. **Relatório de Sustentabilidade**. Telefônica Brasil S.A, 2019. 79p. Disponível em: https://www.telefonica.com.br/servlet/Satellite?c=Page&cid=1386090999186&pagename=InstitucionalVivo%2FPage%2FTemplateRelatorioSustentabilidade. Acesso em: 01 out. 2020.

TIM. **Relatório de Sustentabilidade**. Tim Participações S.A, 2017. 107p. Disponível em: https://www.tim.com.br/Portal_Conteudo/_staticfiles/sobre-a-tim/sustentabilidade/relatorio-de-sustentabilidade/Relatorio--sustentabilidade-2017.pdf. Acesso em: 01 out. 2020.

TIM. **Relatório de Sustentabilidade**. Tim Participações S.A, 2018. 110p. Disponível em: https://www.tim.com.br/Portal_Conteudo/_staticfiles/sobre-a-tim/sustentabilidade/relatorio-de-sustentabilidade/relatorio_sustentabilidade_2018_versao_completa.pdf. Acesso em: 01 out. 2020.

TIM. **Relatório de Sustentabilidade.** Rio de Janeiro: Tim Participações S.A, 2019. 122p. Disponível em: https://www.tim.com.br/sp/sobre-a-tim/sustentabilidade/relatorio-de-sustentabilidade. Acesso em: 01 out. 2020.

VALE. **Relatório de Sustentabilidade.** Vale S.A, 2019. 136p. Disponível em: http://www.vale.com/PT/aboutvale/relatorio-de-sustentabilidade 2019/Documents/Vale_relatorio_sustentabilidade_2019_divulgacao.pdf. Acesso em: 01 out. 2020.

VILLAS BOAS, Bruno. Somente 4,1% das empresas têm relatório de sustentabilidade, aponta IBGE. **Valor Econômico**, 03 jul.2020. Disponível em: https://valor.globo.com/brasil/noticia/2020/07/03/somente-41percent--das-empresas-tem relatorio-de-sustentabilidade-aponta-ibge.ghtml. Acesso em: 28 set. 2020.

UMA ANÁLISE DOS ARRANJOS JURÍDICOS PARA AVALIAÇÃO DA EXISTÊNCIA E EFICÁCIA DE PROGRAMAS DE *COMPLIANCE*

Gabriela Revoredo Pereira da Costa

Introdução

No Brasil, com a entrada em vigor da Lei nº 12.846, de 1º de agosto de 2013 ("Lei Anticorrupção Empresarial" ou "LAC"), a temática do combate à corrupção ganhou nova força, em especial com a inauguração da figura dos programas de Integridade (ou Programas de *Compliance*) no ordenamento jurídico brasileiro.

Recentemente, a partir de leis que estabelecem a obrigatoriedade na adoção do *Compliance* em determinadas circunstâncias ou para determinadas empresas, a utilização dos Programas de Integridade pelas pessoas jurídicas passou a ser mais fortemente encorajada. São os casos, por exemplo, da Lei Ordinária nº 7.753, de 17 de outubro de 2017, do Estado do Rio de Janeiro ("Lei nº 7.753/2017") e da Lei Distrital nº 6.112, de 02 de fevereiro de 2018, do Distrito Federal ("Lei nº 6.112/2018"), que exigem a implementação de mecanismos de integridade para empresas que contratarem com a respectiva Administração Pública.

Diante do emergente cenário de obrigatoriedade na adoção de mecanismos de *Compliance* pelas empresas, surge o questionamento a respeito da maneira por meio da qual será comprovada a observância da exigência legal, em especial quanto à verificação da existência de Programas de Integridade *efetivos* nas empresas obrigadas.

Nesta perspectiva, partindo da premissa da mandatória implementação de programas de *Compliance* que contenham os elementos estabelecidos na Lei 12.846/2013, o presente trabalho busca explorar e analisar os arranjos jurídicos e as possíveis soluções para a questão da verificação da existência e eficiência de programas de integridade, bem como avaliar aquele que melhor se adequa à realidade e peculiaridades brasileiras, diante de alguns dos normativos de obrigatoriedade que têm surgido no país e fora dele.

Não serão explorados no presente trabalho os critérios ou elementos que compõem um programa de integridade, mas sim o sistema de avaliação que é aplicado sobre eles com o intuito de aferir sua existência e efetividade.

Para tanto, sem a pretensão de exaurir todos os diplomas normativos que tratam de cenários de exigência de programas de integridade no Brasil, o presente trabalho estudará três possíveis arranjos jurídicos que trazem soluções para sua avaliação.

O primeiro deles será o da avaliação que atualmente é executada por entes públicos já existentes no Brasil, arranjo que será analisado a partir das diretrizes estabelecidas pela LAC e pelo supramencionado normativo do Estado do Rio de Janeiro.

Em seguida, será estudada a proposta de avaliação de programas de integridade que é conduzida por avaliador externo independente, seja ele o Gestor de Sistema de *Compliance* do Projeto de Lei nº 1.588/2020, seja o Avaliador de reconhecida especialização da Instrução nº 607 da Comissão de Valores Mobiliários ou, ainda, o auditor externo apto a emitir a Certificação ISO 37001, do Projeto de Lei Estadual nº 08/2018 do Tocantins.

No terceiro, e último, arranjo será explorada a hipótese de criação de autoridade estatal independente e especializada para fiscalizar a apropriada implementação de programas de *Compliance* adequados e eficientes, esta última a partir do exemplo da Agência Francesa Anticorrupção, considerando-se que, desde 2017, com o advento da lei francesa *Sapin* II, o país europeu convive com regime de obrigatoriedade ampla de implementação de programas deste tipo. Neste arranjo também será analisada a atuação da Unidade de *Compliance* da Controladoria-Geral do Distrito Federal, conforme dispõe a Lei Distrital nº 6.112/2018 e o Decreto nº 40.388, de 14 de janeiro de 2020, do Distrito Federal.

Ao final, será avaliada a proposta que melhor se adequa à realidade brasileira em eventual cenário de obrigatoriedade de adoção de programas de *Compliance* pelas empresas.

A análise utilizará metodologia de pesquisa bibliográfica e documental, em especial sobre artigos e trabalhos acadêmicos e os próprios diplomas normativos supramencionados, bem como suas justificativas, exposições de motivos e estudos de impacto emitidos por órgãos oficiais da França e do Brasil sobre o tema.

1. O modelo de avaliação executada por entes públicos já existentes

Antes de adentrar nas modalidades de avaliação de programas de integridade em contexto de implementação obrigatória dessas estruturas por parte das empresas, em razão do disposto na Lei nº 12.846/2013, faz-se necessário apresentar a aferição atualmente predominante no Brasil, que é feita pela própria autoridade lesada no contexto de instauração de Processo Administrativo de Responsabilização (PAR).

1.1. Avaliação pela própria autoridade lesada em Processos Administrativos de Responsabilização (PAR)

A Lei Anticorrupção Empresarial, que dispõe sobre a responsabilização objetiva, civil e administrativa de pessoas jurídicas pela prática de atos contra a Administração Pública nacional ou estrangeira, dentre os quais, atos que configuram corrupção[1], representou relevante marco para o ordenamento jurídico brasileiro ao dispor sobre a figura dos Programas de *Compliance* ou Programas de Integridade de empresas.

De fato, além de prever a responsabilização objetiva de entidades pela prática de algum dos supramencionados atos contra a Administração Pública, em seu artigo 7º, inciso VIII, a LAC estabelece que a adoção de "mecanismos e procedimentos internos de integridade, auditoria e incentivo à denúncia de

[1] Os atos lesivos aos quais a lei se refere estão dispostos nos incisos de seu artigo 5º, a saber: " I – prometer, oferecer ou dar, direta ou indiretamente, vantagem indevida a agente público, ou a terceira pessoa a ele relacionada; II – comprovadamente, financiar, custear, patrocinar ou de qualquer modo subvencionar a prática dos atos ilícitos previstos nesta Lei; III – comprovadamente, utilizar-se de interposta pessoa física ou jurídica para ocultar ou dissimular seus reais interesses ou a identidade dos beneficiários dos atos praticados; IV – no tocante a licitações e contratos: a) frustrar ou fraudar, mediante ajuste, combinação ou qualquer outro expediente, o caráter competitivo de procedimento licitatório público; b) impedir, perturbar ou fraudar a realização de qualquer ato de procedimento licitatório público; c) afastar ou procurar afastar licitante, por meio de fraude ou oferecimento de vantagem de qualquer tipo; d) fraudar licitação pública ou contrato dela decorrente; e) criar, de modo fraudulento ou irregular, pessoa jurídica para participar de licitação pública ou celebrar contrato administrativo; f) obter vantagem ou benefício indevido, de modo fraudulento, de modificações ou prorrogações de contratos celebrados com a administração pública, sem autorização em lei, no ato convocatório da licitação pública ou nos respectivos instrumentos contratuais; ou g) manipular ou fraudar o equilíbrio econômico-financeiro dos contratos celebrados com a administração pública; V – dificultar atividade de investigação ou fiscalização de órgãos, entidades ou agentes públicos, ou intervir em sua atuação, inclusive no âmbito das agências reguladoras e dos órgãos de fiscalização do sistema financeiro nacional".

irregularidades e a aplicação efetiva de códigos de ética e de conduta" pela pessoa jurídica será levada em consideração na aplicação das sanções administrativas, quais sejam, multa e/ou publicação extraordinária da decisão condenatória[2].

Neste dispositivo, portanto, a LAC consagra a existência de Programa de Integridade corporativa como elemento atenuante na dosimetria da sanção a ser aplicada à pessoa jurídica responsabilizada por ato lesivo a Administração Pública.

Sob esta ótica, tem-se que os programas de integridade, de modo geral, não são de implementação mandatória. Ainda assim, Rogério Sanches Cunha e Renee Souza[3] assinalam que tais mecanismos possuem o condão de disseminar, na iniciativa privada, o engajamento com a proteção aos valores éticos e o combate à corrupção, independentemente de atuação estatal.

Nesta perspectiva, o Decreto nº 8.420, de 18 de março de 2015, que regulamenta a Lei 12.846/2013, além de trazer, em seu artigo 41, uma definição para os Programas de Integridade[4], também estabelece como deverá se dar a sua avaliação e quem é responsável por aferir sua existência e efetividade no âmbito de Processos Administrativos de Responsabilização ("PAR").

A Lei Anticorrupção atribui a competência para instaurar e julgar Processos Administrativos de Responsabilização de pessoas jurídicas "à autoridade máxima de cada órgão ou entidade dos Poderes Executivo, Legislativo e Judiciário, que agirá

[2] Art. 6º, I e II, da Lei 12.846/2013.

[3] CUNHA, Rogério Sanches; SOUZA, Renee. **Lei Anticorrupção Empresarial**. Salvador: Editora Juspodivm, 2017. P.94.

[4] Art. 41, do Decreto 8.420/2015 – Para fins do disposto neste Decreto, programa de integridade consiste, no âmbito de uma pessoa jurídica, no conjunto de mecanismos e procedimentos internos de integridade, auditoria e incentivo à denúncia de irregularidades e na aplicação efetiva de códigos de ética e de conduta, políticas e diretrizes com objetivo de detectar e sanar desvios, fraudes, irregularidades e atos ilícitos praticados contra a administração pública, nacional ou estrangeira.

de ofício ou mediante provocação, observados o contraditório e a ampla defesa"[5], sendo que a condução do processo administrativo será de responsabilidade da Comissão Processante designada pela autoridade instauradora[6].

No âmbito do Poder Executivo Federal, há de se considerar também a competência concorrente da Controladoria-Geral da União ("CGU") para instaurar e julgar Processos Administrativos de Responsabilização, bem como a competência exclusiva para avocar processos instaurados por outro órgão ou entidade do Poder Executivo Federal "para exame de sua regularidade ou para corrigir-lhe o andamento", nos termos do artigo 8º, §2º, da LAC[7].

Esta competência será exercida pela CGU sempre que, a seu critério, no âmbito do Poder Executivo Federal, estiverem presentes uma ou mais circunstâncias previstas no art. 5º, §1º, da Instrução Normativa n. 13 da Controladoria-Geral da União, de 08 de agosto de 2019 ("Instrução Normativa n. 13/2019"), quais sejam: (i) omissão na atuação da entidade originalmente competente; (ii) insuficiência da capacidade de condução do processo pela própria entidade lesada em razão da complexidade do feito, da relevância da matéria ou da escassez de recursos, por exemplo; (iii) a existência de contratos de valores relevantes celebrados entre a pessoa jurídica processada e o órgão lesado; e (iv) a possibilidade de conflito de competência para a condução do PAR em casos que envolvam atos e fatos relacionados a mais de um órgão ou entidade vinculada ao Poder Executivo Federal[8].

[5] Art. 8º, da Lei 12.846/2013. No mesmo sentido, cf. art. 3º, do Decreto 8.420/2015.

[6] Art. 10, *caput*, da Lei 12.846/2013 – O processo administrativo para apuração da responsabilidade de pessoa jurídica será conduzido por comissão designada pela autoridade instauradora e composta por 2 (dois) ou mais servidores estáveis.

[7] No mesmo sentido, cf. art. 13, do Decreto 8.420/2015

[8] Art. 5º, § 1º e incisos, da Instrução Normativa n. 13/2019: "§1º A competência prevista nos incisos I e II poderá ser exercida, à critério da CGU, se presente

Desta maneira, de modo geral, com exceção da supramencionada competência da CGU para os casos relacionados ao Poder Executivo Federal, que mais se assemelha ao arranjo jurídico de agência independente, pertence à Comissão Processante, indicada pela autoridade máxima da entidade pública lesada, a competência para examinar informações e documentos referentes à existência e funcionamento de programa de integridade de pessoa jurídica processada, conforme dispõe o artigo 5º, § 4º, do Decreto 8.420/2015[9].

Noutro giro, a LAC também estabelece que as multas e perdimento de bens, direitos ou valores aplicados em decorrência de suas diretrizes (incluindo sanções definidas em PAR) deverão, preferencialmente, ser destinados aos próprios órgãos ou entidades públicas lesadas[10].

Isso significa, em suma, que, quando da instauração do PAR, a Comissão Processante, entidade responsável por avaliar a existência e eficiência do programa de integridade de pessoas jurídicas para fins de atenuação de sanções a serem aplicadas, embora deva exercer suas funções com independência e imparcialidade[11],

uma ou mais das seguintes circunstâncias: I – caracterização de omissão da autoridade originariamente competente, que ocorrerá quando esta não tomar nenhuma ação tendente à apuração da infração no prazo de cento e oitenta dias a contar da ciência pela referida autoridade; II – inexistência de condições objetivas para sua realização no órgão ou entidade lesada; III – complexidade, repercussão e relevância da matéria; IV – valor dos contratos mantidos pela pessoa jurídica com o órgão ou entidade lesada; ou V – apuração que envolva atos e fatos relacionados a mais de um órgão ou entidade do Poder Executivo federal".

[9] Art. 5º, § 4º, Decreto 8.420/2015 – Caso a pessoa jurídica apresente em sua defesa informações e documentos referentes à existência e ao funcionamento de programa de integridade, a comissão processante deverá examiná-lo segundo os parâmetros indicados no Capítulo IV, para a dosimetria das sanções a serem aplicadas.

[10] Art. 24, da Lei 12.846/2013.

[11] Art. 6º, do Decreto 8.420/2015 – A comissão a que se refere o art. 5º exercerá suas atividades com independência e imparcialidade, assegurado o sigilo, sempre

invariavelmente realizará análise eivada de conflito de interesse, posto que é constituída exatamente pela entidade cuja multa reparatória será maior ou menor, a depender da avaliação realizada sobre o programa.

O conflito em questão ganha ainda mais destaque ao se considerar que a avaliação da Comissão Processante sobre o Programa de Integridade subsidiará relatórios[12] entregues à própria autoridade lesada para julgamento[13,14].

Para além disso, deve-se destacar que Comissões Processantes, constituídas de acordo com o artigo 10 da Lei Anticorrupção em caráter precário para a condução do PAR em específico, não necessariamente são compostas por indivíduos que possuem a expertise necessária à apropriada avaliação da suficiência e adequação de um programa de integridade às peculiaridades da empresa processada.

De fato, embora existam manuais que orientam o processo de avaliação de programas de integridade, é certo que a Lei Anticorrupção e o Decreto 8.420/2015 estabelecem apenas que a Comissão Processante será composta por dois ou mais servidores estáveis[15], sem qualquer orientação quanto a sua forma-

que necessário à elucidação do fato e à preservação da imagem dos envolvidos, ou quando exigido pelo interesse da administração pública, garantido o direito à ampla defesa e ao contraditório

12 Artigo 10, §3º, da Lei 12.846/2013 – A comissão deverá concluir o processo no prazo de 180 (cento e oitenta) dias contados da data da publicação do ato que a instituir e, ao final, apresentar relatórios sobre os fatos apurados e eventual responsabilidade da pessoa jurídica, sugerindo de forma motivada as sanções a serem aplicadas.

13 Art. 12, da Lei 12.846/2013 – O processo administrativo, com o relatório da comissão, será remetido à autoridade instauradora, na forma do art. 10, para julgamento.

14 Art. 9, § 4º, do Decreto 8.420/2015 – O relatório final do PAR será encaminhado à autoridade competente para julgamento, o qual será precedido de manifestação jurídica, elaborada pelo órgão de assistência jurídica competente.

15 Art. 5º, *caput*, do Decreto 8.420/2015.

ção acadêmica ou existência de conhecimento específico sobre os Programas de *Compliance* que serão avaliados.

Como resultado, programas ineficientes podem ser considerados satisfatórios, e vice-versa, o que compromete o objetivo final da norma de estimular a adoção de mecanismos efetivos de prevenção, detecção e remediação de atos contra a Administração Pública, incluindo ilícitos de corrupção.

1.2. Avaliação pelo órgão público contratante: a previsão da Lei Estadual nº 7.753/2017 do Estado do Rio de Janeiro

Partindo-se do contexto de *exigência* de implantação de Programas de Integridade, no entanto, faz-se necessária a estruturação de mecanismo estável para avaliar o cumprimento da obrigação estabelecida, em especial porque a obrigatoriedade implicará aumento significativo da demanda, ante a perene necessidade deste tipo de análise, conforme exposto em trabalho anterior[16].

A Lei nº 7.753/2017, do Estado do Rio de Janeiro, ao estabelecer a exigência de adoção de Programas de Integridade às empresas que contratarem com a Administração Pública do Estado do Rio de Janeiro[17], propõe que essa verificação seja feita

[16] Conforme: COSTA, Gabriela Revoredo Pereira da. ***Compliance*, Lei da Empresa Limpa e Lei Sapin II:** uma análise da aplicação do regime de obrigatoriedade de adoção de programas de integridade corporativa no Brasil. 2017. 111 f. Monografia (Graduação em Direito) – Universidade Federal do Rio Grande do Norte, Natal, 2017. P.87.

[17] De acordo com o artigo 1º, *caput,* da lei fluminense, a obrigação se impõe "às empresas que celebrarem contrato, consórcio, convênio, concessão ou parceria público-privado com a administração pública direta, indireta e fundacional do Estado do Rio de Janeiro, cujos limites em valor sejam superiores ao da modalidade de licitação por concorrência, sendo R$ 1.500.000,00 (um milhão e quinhentos mil reais) para obras e serviços de engenharia e R$ 650.000,00 (seiscentos e cinquenta mil reais) para compras e serviços, mesmo que na forma de pregão eletrônico, e o prazo do contrato seja igual ou superior a 180 (cento e oitenta) dias".

pelo Gestor do Contrato[18] (ou em sua ausência, pelo Fiscal do Contrato[19]).

Destaque-se que o normativo estadual estabelece que a verificação em questão deverá ser conduzida sem prejuízo das "demais atividades ordinárias" de seu responsável (isto é, em caráter de não exclusividade), e apenas por meio declaratório, mediante "prova documental emitida pela empresa, comprovando a implantação do Programa de Integridade"[20].

Nesse diapasão, percebe-se que a solução de verificação apresentada pelo Estado do Rio de Janeiro simplifica demasiadamente o processo de avaliação do cumprimento da nova obrigação legal. Isso porque a disposição do legislador fluminense não considera que a comprovação da adoção de efetivos Programas de Integridade passa necessariamente pela realização de atividades de fiscalização e monitoramento contínuo que demandam tempo, recursos e, evidentemente, mais do que a simples verificação de documentos de caráter declaratório, podendo envolver visitas *in loco*, entrevistas etc.

Mais ainda, a norma do Estado do Rio de Janeiro não soluciona a questão da falta de especialização do avaliador (*in casu*, o Gestor do Contrato), que, sem necessariamente ter condições técnicas para tanto, e sem prejuízo de suas outras atribuições, decidirá sobre o cumprimento ou não da exigência legal por parte das empresas e a consequente aplicação de multas de até 10% do valor do contrato[21] àquelas em desconformidade[22], além

[18] Art. 11, Lei Estadual 7.753/2017 do Rio de Janeiro – Caberá ao Gestor de Contrato, no âmbito da administração pública, sem prejuízo de suas demais atividades ordinárias, as seguintes atribuições: I – fiscalizar a implantação do Programa de Integridade, garantindo a aplicabilidade da Lei

[19] Art. 11, § 1°, Lei Estadual 7.753/2017 do Rio de Janeiro.

[20] Art. 11, § 2°, Lei Estadual 7.753/2017 do Rio de Janeiro.

[21] Art. 6º, Lei Estadual 7.753/2017 do Rio de Janeiro.

[22] Art. 8º, Lei Estadual 7.753/2017 do Rio de Janeiro.

do impedimento a contratações com a administração pública até a regular situação[23].

Além dos aspectos técnicos relacionados ao processo de avaliação da existência e efetividade de Programas de Integridade nas empresas obrigadas, deve-se salientar, por fim, o próprio risco de ocorrência de ato lesivo à Administração Pública, que se amplia em arranjo jurídico no qual a avaliação é feita pelo próprio órgão contratante.

De fato, sendo o agente avaliador também o Gestor do Contrato, em cenário de favorecimento indevido de contratação de um particular pelo Poder Público, a imparcialidade da avaliação do requisito de adoção de programa de integridade restaria comprometida e poderia, mais do que isso, ser um motivo adicional para favorecimentos indevidos.

É nesse sentido, aliás, que a existência de contratos relevantes mantidos pela pessoa jurídica avaliada com o órgão ou entidade lesada[24] é uma das circunstâncias que podem justificar a avocação de Processo Administrativo de Responsabilização no âmbito do Poder Executivo Federal pela CGU, para garantia de condução independente do feito e da avaliação do Programa de Integridade.

Nessa perspectiva, tem-se que o processo de verificação do cumprimento da obrigação de *Compliance* criada pelo Estado do Rio de Janeiro, tal qual disposto na Lei 7.753/2017, apresenta fragilidades que, como consequência, podem favorecer a apresentação de programas de integridade "de fachada" apenas para o cumprimento do requisito e até mesmo a ocorrência de atos lesivos à Administração Pública, em prejuízo do objetivo final da norma, que é a efetiva prevenção de irregularidades.

23 Art. 8º, Lei Estadual 7.753/2017 do Rio de Janeiro.

24 Art. 5º, §1º, IV, da Instrução Normativa n. 13/2019.

Há de se destacar, no entanto, o que dispõe a Lei nº 6.112/2018, do Distrito Federal, que também trata da obrigatoriedade de implementação de Programas de Integridade por pessoas jurídicas que contratem com a Administração Pública direta ou indireta do Distrito Federal[25], mas propõe alternativa diferente.

De fato, a norma não só prevê que as pessoas jurídicas obrigadas têm o dever de apresentar declaração de existência e documentação relativa a seu Programa de Integridade, mas também se preocupa com a *averiguação* do cumprimento desta obrigação, ao acrescentar que o responsável pela fiscalização, deverá exercê-la "mediante critério da dupla visita, sendo a primeira voltada prioritariamente para orientação quanto ao saneamento de eventuais desconformidades levantadas"[26].

Essas disposições, aliadas ao conjunto documental[27] que compõe o processo de comprovação e que deverá lastrear as declarações das pessoas jurídicas quanto à efetiva adoção de Programas de integridade tratam-se, pois, do reconhecimento de que esta avaliação é atividade complexa que demanda espe-

[25] O artigo 1º, *caput* da lei distrital estabelece "a obrigatoriedade de implementação do Programa de Integridade em todas as pessoas jurídicas que celebrem contrato, consórcio, convênio, concessão, parceria público-privada e qualquer outro instrumento ou forma de avença similar, inclusive decorrente de contratação direta ou emergencial, pregão eletrônico e dispensa ou inexigibilidade de licitação, com a administração pública direta ou indireta do Distrito Federal em todas as esferas de poder, com valor global igual ou superior a R$5.000.000,00".

[26] Art. 13, § 1º, Lei Distrital 6.112/2018.

[27] Art. 7º, da Lei Distrital 6.112/2018 – § 1º A pessoa jurídica deve comprovar suas alegações e zelar pela completude, clareza e organização das informações prestadas. § 2º A comprovação pode abranger documentos oficiais, correios eletrônicos, cartas, declarações, correspondências, memorandos, atas de reunião, relatórios, manuais, imagens capturadas da tela de computador, gravações audiovisuais e sonoras, fotografias, ordens de compra, notas fiscais, registros contábeis ou outros documentos, preferencialmente em meio digital, conforme regulamento por decreto.

cialidade técnica e combinação de análises[28] do avaliador para que garanta o cumprimento da obrigação estabelecida.

Ao mencionar a realização de visitas fiscalizatórias e de orientação, bem como a necessária fundamentação que deve ser feita no caso de decisões que entendem pela inexistência ou ineficiência de programas de integridade[29], o legislador distrital se preocupa com a realização de avaliação consciente, fundamentada e esclarecida sobre o Programa, o que pressupõe seu exercício por fiscal minimamente especializado.

Quanto à especialidade dos avaliadores de programas de *Compliance* e sua independência, aliás, destaque-se o que estabelece o Decreto nº 40.388/2020, do Distrito Federal, em seu art. 4º: cabe à Unidade de *Compliance* da Controladoria-Geral do Distrito Federal ("CGDF"), uma entidade avaliadora que não se confunde com o gestor do contrato, a análise de confirmação do cumprimento aos parâmetros exigidos pela lei distrital.

A atuação da Unidade de *Compliance* da Controladoria-Geral do Distrito Federal será retomada no tópico 4, relativo à condução das análises por autoridade independente e especializada. No entanto, destaque-se desde já que sua designação, em vez da avaliação feita pela entidade contratante segundo o modelo do Estado do Rio de Janeiro, sugere a insuficiência do arranjo jurídico de avaliação ora estudado.

[28] Art. 7º, da Lei Distrital 6.112/2018 – § 3º A autoridade responsável pode realizar entrevistas, que devem ser documentadas, e solicitar novos documentos para fins da avaliação de que trata o *caput*, em caso de justificada necessidade.

[29] Art. 13, § 4º, Lei Distrital 6.112/2018 – O órgão ou entidade que, ante a documentação apresentada pela pessoa jurídica, não reconheça ou não certifique a implementação do Programa de Integridade deve apresentar as razões pelas quais essa decisão foi adotada.

2. A comprovação por avaliador ou certificação externa e independente

O segundo arranjo jurídico voltado à verificação da existência e eficácia de programas de integridade é a possibilidade de validação por meio de certificação emitida por avaliador externo, especializado e independente.

Para a análise do referido arranjo, serão apresentadas três disposições distintas que propõem o uso de certificação independente como lastro para avaliar programas de integridade, a saber[30]: (i) o Projeto de Lei n. 1588/2020, que tramita atualmente na Câmara dos Deputados; (ii) a Instrução 607 da Comissão de Valores Mobiliários ("CVM"); e (iii) o Projeto de Lei Estadual nº 08/2018, do Tocantins.

2.1. O Projeto de Lei no 1.588/2020 e o Gestor de Sistema de Integridade

O Projeto de Lei nº 1.588/2020[31], atualmente em trâmite perante a Câmara dos Deputados, de autoria do Senador Antônio Anastasia, propõe alteração do artigo 7º da Lei 12.846/2013, de modo a exigir que, para que os programas de integridade sejam considerados como atenuantes na dosimetria das sanções administrativas estabelecidas na lei, eles deverão ser "certificados por gestor de sistema de integridade devidamente preparado para a função"[32].

[30] Embora os itens (i) e (ii) sejam disposições que estabelecem a avalição do programa em cenário de adoção facultativa de Programas de Integridade, ambas serão tratadas no presente trabalho porquanto são configurações que exploram versões do arranjo da certificação externa para atestar a existência e adequação dos mecanismos de *Compliance.*

[31] No Senado Federal, o Projeto tramitou sob n. 435/2016.

[32] BRASIL. Câmara dos Deputados. Projeto de Lei PL n. 1.588/2020. Altera a Lei nº 12.846, de 1º de agosto de 2013 (Lei Anticorrupção), para dispor sobre a exigência de certificação de gestor de sistema de integridade como condição para atenuar sanções administrativas. Disponível em: <https://www.camara.

O Projeto de Lei também atribui ao gestor de sistemas de integridade as funções básicas de: (i) gerir de forma autônoma os mecanismos e procedimentos de *Compliance*; (ii) atuar de forma constante e engajada nas interações entre a pessoa jurídica e autoridades públicas e (iii) manter atualizada e disponível documentação relevante para a certificação da efetiva existência do programa de integridade[33].

Deve-se destacar, nesta senda, que a redação que exige certificação por indivíduo "devidamente preparado para a função" privilegia de maneira oportuna a condução de avaliação do Programa de Integridade por especialista na matéria, o que também se aplica à previsão de perenidade do exercício de suas atividades, consubstanciada na "atuação constante" que lhe é atribuída como função. Noutro giro, na Justificação que acompanhou a proposta quando de sua apresentação ao Senado (ainda sob o PLS 435/2016), foi dito que o estabelecimento de um Gestor de Sistema de Integridade para avaliar a estrutura de *Compliance* de uma empresa seria demonstração do comprometimento de sua alta direção com a estruturação concreta e efetiva de um sistema de integridade[34].

Em que pese ter sido motivada pelo legítimo interesse de incentivar a implementação efetiva de programas de integridade por parte das empresas, o Projeto de Lei 1.588/2020 não está livre de críticas. Neste caminho, Ayres e Bodal destacam que a redação da proposta do PL 1.588/2020 é pouco clara na definição de quem seria o gestor do sistema de integridade,

leg.br/proposicoesWeb/prop_mostrarintegra?codteor=1873514>. Acesso em: 26 set. 2020.

[33] Cf. nota 32.

[34] BRASIL. Senado Federal. Projeto de Lei PLS 435/2016. Altera o art. 7º da Lei nº 12.846, de 1º de agosto de 2013, para exigir a certificação de gestor de sistema de integridade como condição para atenuar sanções administrativas. Disponível em: https://legis.senado.leg.br/sdleg-getter/documento?dm=4673100&ts=1594032868368&disposition=inline. Acesso em: 26 set. 2020.

quais as suas funções, de modo a permitir a interpretação de que uma avaliação de gestor de integridade (independentemente do quão bem feita ela seja) serviria "como um escudo absoluto para a empresa", além de outros possíveis problemas, incluindo conflitos de interesse e programas "de fachada"[35].

A essa visão, Gabriela Maluf[36] acrescenta que o Projeto poderia vir a implicar "possível ampliação da responsabilidade do *Compliance Officer* em âmbito penal", sem que se tenha certeza de que a adoção de certificação de Integridade efetivamente promova a disseminação das práticas de *Compliance*, o que tornaria a adoção do arranjo ora estudado pouco interessante.

2.2. A Instrução nº 607 da CVM e o avaliador de reconhecida especialização

De maneira semelhante, a Instrução da Comissão de Valores Mobiliários nº 607, de 17 de junho de 2019 ("ICVM 607"), que dispõe sobre o rito dos procedimentos relativos à atuação sancionadora da CVM, também traz a figura de avaliador externo como lastro que certifica a adoção efetiva de mecanismos de integridade. Ao tratar do Processo Administrativo Sancionador, mais especificamente da dosimetria das penas em seu artigo 66, inciso V, a ICVM 607 lista dentre as circunstâncias atenuantes a existência de programas de *Compliance* efetivos, "avaliados por entidade pública ou privada de reconhecida especialização"[37].

[35] AYRES, Carlos; BODAL, Stephanie. **Projeto de Lei pode impulsionar Programas de Compliance "de papel" e criar jabuticaba**. 2020. Disponível em: https://lec.com.br/blog/projeto-de-lei-pode-impulsionar-programas-de-compliance-de-papel-e-criar-jabuticaba/. Acesso em: 26 set. 2020.

[36] MALUF, Gabriela. **Projeto de Lei regulamenta a certificação de programas de Compliance**. 2020. Disponível em: https://antissuborno.com.br/projeto-de-lei-regulamenta-a-certificacao-de-programas-de-compliance/. Acesso em: 26 set. 2020.

[37] Art. 66. Inciso V, ICVM 607 – "Art. 66. São circunstâncias atenuantes: [...] V – a adoção efetiva de mecanismos e procedimentos internos de integridade, auditoria e incentivo à denúncia de irregularidades, bem como a aplicação

Embora o trecho final do dispositivo que exige a certificação externa tenha sido inserido para esclarecer a forma por meio da qual a adoção de mecanismos de integridade seria avaliada para fins de aplicação deste inciso[38], há de se salientar que a Instrução CVM 607 não apresentou maiores detalhes a respeito do critério que caracterizaria a *"reconhecida especialização"* do avaliador, o que permanece subjetivo.

Pode-se, no entanto, entendê-la como sendo semelhante à figura dos auditores externos personagens que não são estranhos à CVM, sobretudo diante do que estabelece o artigo 177, §3º, da Lei 6.404, de 15 de dezembro de 1976 ("Lei das SAs"), quanto à obrigatória sujeição das demonstrações financeiras de companhias abertas à auditoria por auditores independentes.

Segundo Fernanda Schramm[39], no entanto, a solução dos auditores externos para avaliar programas de integridade não é óbice para que se constitua conluio entre os particulares (avaliadores e avaliados), de sorte que alguns cuidados (aos quais a ICVM 607 não se atentou) devem ser observados, dentre os quais a designação independente do auditor externo pela instância responsável pelo *Compliance* (sem a ingerência da Alta

efetiva de códigos de ética e de conduta no âmbito da pessoa jurídica, avaliada por entidade pública ou privada de reconhecida especialização".

[38] Cf. páginas 85 e 86 do Relatório de análise da minuta da ICVM 607. BRASIL. Superintendência de Desenvolvimento de Mercado. Comissão de Valores Mobiliários. **RELATÓRIO DE ANÁLISE**: Audiência Pública SDM nº 02/18 – Processo CVM SEI nº 19957.006565/2017-86. 2019. Disponível em: <http://www.cvm.gov.br/export/sites/cvm/audiencias_publicas/ap_sdm/anexos/2018/sdm0218relatorio_de_analise.pdf>. Acesso em: 26 set. 2020.

[39] SCHRAMM, Fernanda Santos. **O *Compliance* como instrumento de combate à corrupção no âmbito das contratações públicas.** 2018. 317 f. Dissertação (Mestrado) – Pós-Graduação em Direito, Centro de Ciências Jurídicas, Universidade Federal de Santa Catarina, Florianópolis, 2018. Disponível em: <https://edisciplinas.usp.br/pluginfile.php/4282318/mod_resource/content/0/DISSERTA%C3%87%C3%83O%20-%20FERNANDA%20SCHRAMM%20%28ler%20pag.%20171%20a%20235%29.pdf>. Acesso em: 01 out. 2020.

Administração), combinada com a rotatividade dos auditores. A autora[40] sugere, para maior segurança quanto à precisão e independência dessas avaliações de Programas de Integridade, que haja a supervisão e regulação dos auditores externos particulares "por um ente público, organização privada ou por esforço conjunto entre Poder Público, inciativa privada e sociedade civil", recomendação que nos parece acertada e demonstra a insuficiência da avaliação isolada de auditor externo.

Considerando que as disposições do artigo 66, V, da ICVM 607 carecem de tal detalhamento, tem-se como pouco eficientes no sentido de solucionar a problemática da avaliação de efetividade dos programas de integridade.

2.3. O Projeto de Lei Estadual n. 08/2018 do Tocantins e a Certificação ISO 37001

A seu turno, o Projeto de Lei Estadual nº 08/2018 do Tocantins[41], traz elemento novo e objetivo para o arranjo de adoção de certificação externa e independente aos programas de *Compliance*: a certificação ISO 37001[42].

De fato, além da exigência de implantação do Programa de Integridade nos moldes da Lei Anticorrupção por empresas que contratem com a Administração Pública Estadual[43], em seu artigo o 2º, o Projeto de Lei estabelece também "a exigência da

[40] Ibidem.

[41] TOCANTINS. Assembleia Legislativa. Projeto de Lei n.º 8/2018. Dispõe sobre a instituição da implantação do Programa de Integridade e certificação do Sistema de Gestão Antissuborno para empresas que celebrarem contrato, consórcio ou convênio com a Administração Pública do Estado do Tocantins e dá outras providências. Disponível em: <https://www.al.to.leg.br/arquivos/diario-oficial_2570_43753.PDF>. Acesso em: 26/09/2020.

[42] Certificação do Sistema de Gestão Antissuborno.

[43] Art. 1º, PL 08/2018 do Tocantins – Fica estabelecida a exigência da implantação do Programa de Integridade para empresas que celebrarem contrato, consórcio ou convênio com a administração pública direta, indireta e fundacional do

certificação do Sistema de Gestão Antissuborno, em conformidade com a norma ABNT ISO 37001 Sistema de Gestão Antissuborno – Requisitos, abrangida por acreditação do Inmetro"[44].

Na exposição de motivos, a deputada estadual Luana Ribeiro, que assina o Projeto, ressalta que:

> Por outro lado, a necessidade de se **demonstrar que os Programas de Integridade** efetivamente existem, **são implementados e são eficazes torna-se fundamental, de forma a evitar que constituam mero conjunto de documentos que** no final **não trazem** à administração pública e à sociedade a **segurança necessária sobre a sua efetividade.**
>
> A **certificação constitui mecanismo consolidado no Brasil e no mundo para demonstrar a existência, implementação e eficácia de sistemas de gestão** baseados em referenciais normativos, assegurando um controle sistemático por meio de auditorias anuais executadas por organismos de certificação. [...]
>
> Neste contexto, **por meio de uma certificação acreditada, a administração pública se desonera da confirmação da efetividade dos referenciais normativos implementados,** o que constituiu maior segurança técnica e jurídica na administração pública, além de alinhar-se com as práticas mais modernas de gestão de riscos e governança. [...]

Estado do Tocantins, cujos contratos ultrapassem o valor de R$ 1.500.000,00 (um milhão e quinhentos mil reais).

[44] Art. 2º, PL 08/2018 do Tocantins – "Adicionalmente ao art. 1º, fica estabelecida a exigência da certificação do Sistema de Gestão Antissuborno, em conformidade com a norma ABNT ISO 37001 Sistema de Gestão Antissuborno – Requisitos, abrangida por acreditação do Inmetro, para empresas que celebrarem contrato, consórcio ou convênio com a administração pública direta, indireta e fundacional do Estado do Tocantins, cujos contratos ultrapassem o valor de R$ 3.000.000,00 (três milhões de reais).

> Particularmente, já está disponível uma **norma técnica internacional que inclui aspectos principais abrangidos pelo Programa de Integridade, com escopo voltado para a prevenção do suborno: ISO 37001:2016 Sistema de Gestão Antissuborno – Requisitos**, já traduzida para o português pela ABNT.[45] (grifo nosso)

Da leitura do trecho supracitado, depreende-se que a inclusão da exigência de obtenção de certificação ISO 37001 pelas empresas, por cobrir "aspectos principais abrangidos pelo Programa de Integridade", ainda que *com escopo voltado para a prevenção do suborno*, tem por objetivo ser alternativa complementar à comprovação documental da existência e eficácia de Programas de *Compliance*.

Por outro lado, perceba-se que o Projeto de Lei do Tocantins estabelece, em realidade, *duas obrigações* aos particulares, inclusive cumuladas para os casos de contratos que ultrapassem R$ 3.000,000,00 (três milhões de reais): (i) a de implementar Programas de Integridade nos moldes da Lei 12.846/2013; e (ii) a de possuir certificação do Sistema de Gestão Antissuborno em conformidade com a norma ISO 37001. No Projeto do Tocantins, ambas são obrigações distintas, conceituadas em dispositivos apartados[46], cada uma delas, inclusive, devendo ser comprovada de maneira independente.

[45] TOCANTINS. Assembleia Legislativa. Projeto de Lei n.º 8/2018. Dispõe sobre a instituição da implantação do Programa de Integridade e certificação do Sistema de Gestão Antissuborno para empresas que celebrarem contrato, consórcio ou convênio com a Administração Pública do Estado do Tocantins e dá outras providências. Disponível em: <https://www.al.to.leg.br/arquivos/diario-oficial_2570_43753.PDF>. Acesso em: 26/09/2020.

[46] O art. 5º do PL 08/2018, conceitua Programa de Integridade nos moldes do disposto no Decreto 8.420/2015 (cf. nota de rodapé n. 4) enquanto que o artigo 6º apresenta o Sistema de Gestão Antissuborno como "*conjunto de requisitos estabelecidos pela norma ABNT ISO 37001 Sistema de Gestão Antissuborno – Requisitos,*

De fato, nos termos dos artigos 15 e 17, § 2º, do PL 08/2018, o cumprimento da obrigação de possuir Programa de Integridade será comprovado de modo semelhante ao observado na Lei 7.753/2017 do Estado do Rio de Janeiro: mediante a apresentação ao Gestor do Contrato, no momento da contratação, de prova documental declaratória, informando sua existência. O cumprimento da exigência da certificação do Sistema de Gestão Antissuborno, por sua vez, conforme os artigos 16 e 17, será comprovado pela apresentação do certificado de conformidade do Sistema Antissuborno.

Enquanto a avaliação da existência de Programas de Integridade demanda a comprovação da adoção efetiva de todos os dezesseis elementos dispostos nos incisos do artigo 7º do Projeto[47], a avaliação do cumprimento da obrigação de Sistema de Gestão Antissuborno certificado será confirmada pela existência de certificação emitida por organismo acreditado pelo Inmetro[48].

Nos casos de contratos com a Administração Pública do Estado que ultrapassem R$ 3.000.000,00 (três milhões de reais), aos quais ambas as obrigações se aplicam, a comprovação da existência de certificação ISO 37001, embora atenda a exigência de adoção de Sistema de Gestão Antissuborno, não dispensa a comprovação relacionada ao Programa de Integridade.

Isso permite afirmar que, de acordo com o próprio Projeto de Lei que a exige, a existência de certificação ISO 37001 não está apta a ser usada como mecanismo de verificação da existência e efetividade de programas de integridade que contemple os elementos estabelecidos na Lei 12.846/2013. E nem deveria.

com o objetivo de prevenir o suborno praticado contra a administração pública do Estado do Tocantins".

47 Inspirados nos elementos dispostos no artigo 42, do Decreto 8.420/2015.

48 Art. 8º, par. único, PL 08/2018 do Tocantins.

Isso porque, como é reconhecido na exposição de motivos do próprio Projeto de Lei, os escopos do Programa de Integridade e do Sistema de Gestão Antissuborno, embora se assemelhem, não se confundem. É o que também afirma Cunha[49]:

> O **ISO 37.001** especifica os requisitos e fornece orientações para estabelecer, implementar, manter, revisar e aprimorar um sistema de gerenciamento antissuborno, [...] Contudo **não é suficiente para amparar as empresas, pois não abrange na totalidade os requisitos da Lei 12.846/13.** Foca apenas em suborno, não contemplando, por exemplo, fraudes contábeis ou em licitações, conflitos de interesse, cartel e diversas outras ilicitudes contra a administração pública. (grifo nosso)

Ainda sobre a certificação de sistemas de gestão antissuborno e os programas de integridade, Ayres e Bodal[50] acrescentam que é consenso entre autoridades internacionais que "certificação não é garantia da efetividade dos programas de *compliance* e que esta avaliação deve ser feita caso-a-caso, pelas autoridades competentes".

Nesta senda, tem-se que a utilização da Certificação ISO 37001 para comprovar a existência e eficiência de Programas de Integridade não constitui mecanismo apropriado.

[49] Cunha, Carlos Eduardo Martins. **COMPLIANCE E LEI 7.753/2017 DO ESTADO DO RIO DE JANEIRO**. 2018. 28 f. TCC (Graduação) – Curso de Ciências Contábeis, Universidade Cândido Mendes, Rio de Janeiro, 2018. Disponível em: https://www.candidomendes.edu.br/wp-content/uploads/2019/05/2018-TCC-Carlos-Eduardo-Cunha-1.pdf. Acesso em: 26 set. 2020. p. 24.

[50] Ayres, Carlos; Bodal, Stephanie. **Projeto de Lei pode impulsionar Programas de Compliance "de papel" e criar jabuticaba**. 2020. Disponível em: https://lec.com.br/blog/projeto-de-lei-pode-impulsionar-programas-de-compliance-de-papel-e-criar-jabuticaba/. Acesso em: 26 set. 2020.

Resta necessário, portanto, explorar o arranjo jurídico de verificação da existência e efetividade de Programas de Integridade por parte de autoridade pública competente, independente e especializada na matéria.

3. Avaliação por autoridade independente e especializada

O terceiro e último arranjo jurídico a ser explorado no presente trabalho diz respeito à avaliação por autoridade independente e especializada, competente para monitorar a adoção de Programas de Integridade. Para tanto, inicialmente cabe apresentar o modelo adotado na França, com a Agência Francesa Anticorrupção ("AFA").

A AFA foi criada pela lei francesa nº 2016-1691, de 09 de dezembro de 2016, relativa à transparência, à luta contra corrupção e à modernização da vida econômica do país ("Lei *Sapin* II")[51], que também estabeleceu, na França, a obrigatoriedade de adoção de programas de integridade para determinadas empresas, sob pena de aplicação de multa administrativa de até um milhão de euros para a pessoa jurídica e duzentos mil euros para a pessoa física de seus dirigentes[52].

Em linhas gerais, a Lei Sapin II estabelece em seu art. 17, item I, que os presidentes, diretores gerais e gestores de empresas que empreguem ao menos quinhentos funcionários na França, ou que pertençam a grupo de sociedades cuja *holding* tenha sua sede na França com o efetivo de empregados de pelo menos quinhentas pessoas e faturamento (da empresa ou do grupo) superior a cem milhões de euros, a obrigação de adotar, no âmbito das empresas, medidas destinadas a prevenir e detec-

51 FRANÇA. Lei nº 2016-1691, de 09 de dezembro de 2016. Relative à la transparence, à la lutte contre la corruption et à la modernisation de la vie économique.. Paris, França. Disponível em: <https://www.legifrance.gouv.fr/loda/id/JORFTEXT000033558528/2020-09-10/>. Acesso em: 27 set. 2020.

52 Art. 17, item V, da Lei *Sapin* II.

tar a ocorrência de práticas de corrupção ou tráfico de influência na França ou no estrangeiro, conforme elementos dispostos na própria lei.

A obrigação imposta aos dirigentes de entidades privadas também se aplica aos dirigentes de entidades públicas (Art. 17, item I, 1º), bem como para as próprias pessoas jurídicas públicas e privadas (Art. 17, item II).

Nesse contexto, Agência Francesa Anticorrupção surgiu como um serviço de caráter nacional, vinculado aos Ministérios da Justiça e das Finanças do país europeu, com o intuito de auxiliar as autoridades competentes, bem como as entidades e indivíduos obrigados, a efetivamente prevenir e detectar atos de Corrupção, tráfico de influência, concussão, desvios de recursos públicos e favoritismos[53].

Para tanto, conforme disposto nos artigos 3º e 17 da Lei *Sapin* II, estão inseridas na competência da autoridade Anticorrupção: (i) a divulgação de informações de melhores práticas; (ii) a elaboração de recomendações para auxiliar a prevenção e detecção de ilícitos pelas entidades obrigadas (públicas e privadas); (iii) a fiscalização, de ofício ou a requerimento, da qualidade e eficiência dos mecanismos de integridade adotados pelos particulares obrigados; (iv) a elaboração de relatórios de avaliação com suas observações a respeito da qualidade dos mecanismos de *Compliance* adotados e recomendações de melhoria; e (v) a aplicação das sanções administrativas em caso de descumprimento.

Considerando-se suas características e atribuições pedagógicas, fiscalizadoras e sancionadoras relacionadas a programas de *Compliance*, tem-se que a Agência Francesa Anticorrupção é autoridade pública permanente, tecnicamente especializada e funcionalmente independente, de modo a constituir modelo

[53] Art. 1º, Lei *Sapin* II.

ideal para avaliar Programas de Integridade a partir das idiossincrasias da França.

Quanto à criação de agência independente e especializada para avaliar e monitorar os programas de integridade no Brasil, no entanto, em trabalho anterior[54] foi dito que:

> Essa solução, embora pareça bastante acertada [...], pode ter difícil concretização, considerando-se os **custos envolvidos na criação de mais um organismo dentro da máquina pública**. A isso soma-se a **imperatividade de se conferir independência funcional e estrutura e remuneração atraente** para que seus membros, de modo semelhante ao que ocorre com os membros a [*sic*] Magistratura, avaliem a efetividade das políticas anticorrupção das empresas sem que possam ser influenciados. (grifo nosso)

Sucede que, ao se estabelecer um regime de obrigatoriedade de implantação de programas de *Compliance*, o que é premissa para o presente trabalho, a questão dos custos e esforços necessários à criação de modelo de agência semelhante no Brasil restaria devidamente justificada.

É o que se extrai, por exemplo, da criação da Autoridade Nacional de Proteção de Dados ("ANPD") estabelecida pela Lei nº 13.709, de 14 de agosto de 2018 ("LGPD"), que impõe obrigações aos particulares com fulcro na proteção a direitos fundamentais[55], e, portanto, trata de temas tão relevantes quanto a prevenção, detecção e remediação de ilícitos de corrupção.

54 Costa, Gabriela Revoredo Pereira da. **Compliance, Lei da Empresa Limpa e Lei Sapin II:** uma análise da aplicação do regime de obrigatoriedade de adoção de programas de integridade corporativa no Brasil. 2017. 111 f. Monografia (Graduação em Direito) – Universidade Federal do Rio Grande do Norte, Natal, 2017. P-88.

55 Art. 1º, *caput*, Lei 13.709/2018.

Deveras, além de estabelecer diretrizes para o apropriado tratamento de dados pessoais por pessoa natural ou jurídica, ao criar em seu artigo 55-A[56] autoridade pública com autonomia técnica e decisória[57] e competência para realizar fiscalizações[58] e auditorias[59] voltadas a assegurar a observância das diretrizes legais, a LGPD demonstra ser plenamente possível, no Brasil, a criação de autoridade semelhante para assegurar o cumprimento de obrigação de implementação de programas de *Compliance*.

Importa observar que, quando da criação da ANPD, o legislador se preocupou em prever que o estabelecimento da entidade se daria "sem aumento de despesa"[60], sendo que o provimento de cargos e funções da ANPD "estaria condicionado à expressa autorização física e financeira na lei orçamentária anual e à permissão na lei de diretrizes orçamentárias"[61], o que reforça o entendimento da compatibilidade deste modelo, inclusive pela perspectiva de custos relacionados a sua operacionalização.

Por esta ótica, é possível afirmar que a criação de entidade com atribuições pedagógicas, fiscalizatórias e sancionadoras

[56] Art. 55-A, Lei 13.709/2018 – Fica criada, sem aumento de despesa, a Autoridade Nacional de Proteção de Dados (ANPD), órgão da administração pública federal, integrante da Presidência da República.

[57] Art. 55-B, Lei 13.709/2018 – É assegurada autonomia técnica e decisória à ANPD.

[58] Art. 55-J, IV, Lei 13.709/2018: "Art. 55-J. Compete à ANPD: IV – fiscalizar e aplicar sanções em caso de tratamento de dados realizado em descumprimento à legislação, mediante processo administrativo que assegure o contraditório, a ampla defesa e o direito de recurso".

[59] Art. 55-J, XVI Lei 13.709/2018: "Art. 55-J. Compete à ANPD: [...] XVI – realizar auditorias, ou determinar sua realização, no âmbito da atividade de fiscalização de que trata o inciso IV e com a devida observância do disposto no inciso II do caput deste artigo, sobre o tratamento de dados pessoais efetuado pelos agentes de tratamento, incluído o poder público".

[60] Art. 55-A, *caput*, Lei 13.709/2018.

[61] Art. 55-A, §3º, Lei 13.709/2018.

para auxiliar, avaliar e monitorar, no Brasil, o cumprimento, pelos particulares, de obrigações relativas à implantação de Programas de Integridade, acompanhada de previsão das devidas disposições de cuidado orçamentário semelhantes às da ANPD, é hipótese factível.

Há, inclusive, modelo semelhante de autoridade especializada e independente responsável pela avaliação de programas de integridade, embora com atuação pontual, no já mencionado caso da Unidade de *Compliance* do Distrito Federal, responsável por avaliar programas de *compliance* para os fins da Lei 6.112/2018 do Distrito Federal.

Conforme a Portaria nº 121, de 08 de julho de 2020, da Controladoria-Geral do Distrito Federal, a Unidade de *Compliance* em questão é a Subcontroladoria de Governança e *Compliance* da CGDF, que possui, dentre suas atribuições: (i) avaliar as informações e documentos prestados pelas entidades obrigadas, com o intuito de atestar o cumprimento da obrigação estabelecida na Lei 6.112/2018, inclusive por meio de visitas e entrevistas a funcionários; (ii) elaborar relatório circunstanciado com seu entendimento a respeito da conformidade do programa de *Compliance*, para deliberação do Secretário de Estado Controlador-Geral do Distrito Federal e posterior envio ao órgão contratante; e (iii) responder solicitações de informações e questionamentos dos particulares relacionados à obrigação de implementação de programas de integridade[62].

Perceba-se que, diferentemente do que ocorre no caso da Agência Francesa Anticorrupção, a Subcontroladoria de Governança e *Compliance* da CGDF não toma decisões sobre a adequação, ou não, dos Programas de Integridade (estas, de competência do Secretário Controlador-Geral) e nem possui atribuições relacionadas à aplicação de sanções em caso de des-

[62] Art. 2º, Portaria CGDF nº 121/2018.

cumprimento, já que esta é atividade de competência do próprio órgão contratante[63].

Sem embargo, por se tratar de entidade especializada e afastada da gestão do contrato, tem-se que a análise (técnica e independente) por ela realizada, demonstra a compatibilidade do arranjo jurídico de autoridade estatal autônoma e especializada com o ordenamento jurídico pátrio.

No mesmo caminho estão os já mencionados casos em que a CGU possui competência para processar e julgar, bem como avocar Processos Administrativos de Responsabilização no âmbito do Poder Executivo Federal.

Para além da avaliação de Programas de Integridade no contexto de processos de sua competência, deve-se destacar que a CGU também exerce, no Brasil, função pedagógica relacionada à implementação dos Programas de Integridade, uma vez que, conforme estabelece o artigo 42, § 4º, do Decreto 8.420/2015, cabe ao Ministro de Estado Chefe da Controladoria-Geral da União a tarefa de "expedir orientações, normas e procedimentos complementares referentes à avaliação do programa de integridade".

Diante do potencial aumento de demandas por avaliações de programas de *Compliance* em razão de normativo de caráter nacional, ou da multiplicação de normativos que exigem a adoção destes mecanismos pelos particulares, a existência de entidade desta natureza pode não só ser compatível como também vir a ser necessária no Brasil.

A título de exemplo, isso é o que se observará caso entre em vigor a redação dada ao art. 25, § 4º, do Projeto de Lei n. 1.292/1995, que, segundo Mirela Ziliotto, propõe mudanças às normas de licitação e contratação para administrações públicas diretas, autárquicas e fundacionais da União, dos Estados, do Distrito Federal e dos Municípios. Dentre alterações pro-

[63] Art. 8º, da Lei 6.112/2018 do Distrito Federal.

postas à lei de licitações estaria o estabelecimento de exigência de implementação de programas de integridade por parte dos contratados. Segundo a autora[64], porém, até o momento:

> **o Projeto de Lei limitou-se a determinar os alcances objetivo e subjetivo da norma, bem como o momento e prazo para sua implementação, deixando a cargo de regulamento específico critérios como:** (i) objetivo da exigência, (ii) requisitos à constituição e comprovação da existência do programa, (iii) parâmetros de avaliação do programa; **(iv) atribuição de responsabilidade à fiscalização da implementação do programa, (v) atribuição de responsabilidade à avaliação da efetividade do programa, e (vi) aplicação de penalidades em caso de descumprimento da obrigação.** (grifo nosso)

Nesta perspectiva, diante da possível novidade legislativa para contratações com o Poder Público, a exigência geral de adoção de programas de *Compliance* não só seria responsável por aumento da demanda de avaliação de efetividade de programas de integridade para fins de contratações públicas, como também tornaria necessária a existência de entidade de caráter nacional para a realização centralizada desta análise.

Esta centralização, aliás, foi apontada pelo Estudo de Impacto elaborado na França à época de aprovação da Lei *Sapin* II como um dos elementos necessários ao sucesso de sistemas de combate à corrupção.

64 Ziliotto, Mirela Miró. **A obrigatoriedade da implementação de programa de integridade nas contratações de grande vulto à luz do artigo 25, parágrafo 4º, do Projeto de Lei Nº 1292/95**. 2019. Disponível em: <http://www.novaleilicitacao.com.br/2019/10/29/a-obrigatoriedade-da-implementacao-de-programa-de-integridade-nas-contratacoes-de-grande-vulto-a-luz-do-artigo-25-paragrafo-4o-do-projeto-de-lei-no-1292-95/#_ftn8>. Acesso em: 02 out. 2020.

De fato, segundo o Estudo, um dos antecedentes que, na França, fortaleceu a ideia de necessidade de criação de um serviço de caráter nacional e centralizado, nos moldes da Agência Francesa Anticorrupção, foi justamente o fato de que a entidade que antecedeu a AFA (isto é, o SCPC – *Service Central de prévention de la corruption*) não centralizava de fato o conjunto de informações e de elementos relativos à detecção e suporte à prevenção de atos de corrupção[65], o que teria limitado o exercício efetivo de suas atividades. A partir desse precedente, bem como de trabalhos conduzidos em outros países europeus como os Países Baixos, a Itália e o Reino Unido, entendeu-se que "um dispositivo anticorrupção moderno e eficaz passa, notadamente, pela implementação de uma estrutura dedicada e encarregada da detecção, prevenção e da coordenação do combate à corrupção" (tradução livre)[66].

[65] « *De ce fait, ce service n'a pu être destinataire de l'ensemble des informations détenues par les services d'enquêtes ou par les administrations, ce qui ne lui a pas permis de centraliser réellement l'ensemble des éléments relatifs à la détection et à la prévention des faits de corruption*». ÉTUDE D'IMPACT. **Projet de loi relatif à la transparence, à la lutte contre la corruption et à la modernisation de la vie économique**. 2016. P.15. Disponível em: <https://www.legifrance.gouv.fr/contenu/Media/Files/autour-de-la-loi/legislatif-et-reglementaire/etudes-d-impact-des-lois/ei_art_39_2016/ei_transparence_corruption_modernisation_vie_economique_cm_30.03.2016.pdf.pdf>. Acesso em: 01 out. 2020.

[66] *"Parmi les principaux enseignements tirés par cette mission, il ressort que chez nos voisins un dispositif moderne et efficace anticorruption passe notamment par la mise en place d'une structure dédiée en charge de la détection (cf. rôle du BIBOB et de l'Adviespunt Klokkenluiders aux Pays-Bas), de la prévention (cf. rôle de l'Autorita Nazionale Anti Corruzione en Italie) et de la coordination de la lutte anticorruption (cf. rôle du Cabinet Office au Royaume Uni)*». ÉTUDE D'IMPACT. **Projet de loi relatif à la transparence, à la lutte contre la corruption et à la modernisation de la vie économique**. 2016. P.16. Disponível em: <https://www.legifrance.gouv.fr/contenu/Media/Files/autour-de-la-loi/legislatif-et-reglementaire/etudes-d-impact-des-lois/ei_art_39_2016/ei_transparence_corruption_modernisation_vie_economique_cm_30.03.2016.pdf.pdf>. Acesso em: 01 out. 2020.

Conclusões

A partir da premissa de um cenário de obrigatoriedade de adoção de programas de integridade pelos particulares, o presente trabalho se debruçou sobre três possíveis arranjos jurídicos voltados à verificação da existência e eficácia dos mecanismos de *Compliance* nas empresas.

Foi visto que a avaliação realizada atualmente pelas Comissões Processantes em Processos Administrativos de Responsabilização, julgadas pela própria autoridade lesada, por serem realizadas em situação de aparente conflito de interesses, bem como por indivíduos que não necessariamente possuem a expertise técnica necessária, não devem ser entendidos como arranjo jurídico apropriado à avaliação dos programas de *Compliance*.

De modo semelhante, a Lei 7.753/2017 do Estado do Rio de Janeiro propõe que a verificação dos programas de integridade exigidos para contratação com o poder público estadual, meramente documental, seja feita pelo Gestor do Contrato, o mesmo que decidirá pela aplicação de multas em seu favor em caso de descumprimento, mas sem que necessariamente possua conhecimento técnico para tanto.

Por sua vez, a Lei 6.112/2018, do Distrito Federal, embora exija a implementação de programas de *compliance* em contexto parecido com a lei fluminense, detalha o processo de avaliação e fiscalização dos programas e atribui a entidade independente e tecnicamente especializada a competência para a realização desta análise: Subcontroladoria de Governança e *Compliance* da Controladoria-Geral do Distrito Federal.

Na análise do segundo arranjo jurídico, qual seja, o de comprovação da existência e efetividade dos programas de integridade por avaliador ou certificação externa e independente, viu-se que a figura do "Gestor de Sistema de Integridade" tal qual descrita no Projeto de Lei 1.588/2020 não é suficientemente clara, pode vir a favorecer a legitimação de programas de *compliance* "de fachada" e inclusive ampliar a responsabilidade pessoal dos *Compliance Officers*.

Viu-se ainda que o "avaliador de reconhecida especialização" estabelecido pela ICVM 607, além de carregar de subjetividade o critério de adequação do avaliador, também não está acompanhado de diretrizes para prevenir a ocorrência de conflitos de interesse possíveis a todas as certificações feitas por agente particular externo.

Ainda no segundo arranjo, viu-se que, em razão da diferença de escopo entre os Programas de Integridade e os Sistemas de Gestão Antissuborno, a proposta feita pelo Projeto de Lei 08/2018 do Tocantins de utilização da Certificação ISO 37001 como validadora de Programas de *Compliance* contendo os elementos estabelecidos na Lei 12.846/2013 não se mostra apropriada.

Por fim, quando da verificação do terceiro arranjo jurídico, qual seja, de avaliação dos programas de *compliance* por autoridade pública independente e especializada, a partir do exemplo da Agência Francesa Anticorrupção, bem como de formatos semelhantes trazidos pela Lei 13.709/2018 ("LGPD") e pelo Decreto 40.388/2020 do Distrito Federal, assim como nos casos relacionados à atuação da CGU no âmbito do Poder Executivo Federal, viu-se que a adoção de modelo semelhante é compatível com o ordenamento brasileiro, inclusive sob a ótica orçamentária.

O arranjo em questão pode inclusive, vir a ser necessário, ante recentes propostas legislativas que sugerem a expansão da exigência de adoção de programas de *Compliance* pelas empresas, o que fazem do terceiro arranjo, dentre os estudados, o mais apropriado à realidade brasileira.

Referências

ARARIPE, Cíntia Muniz Rebouças de Alencar; MACHADO, Raquel Cavalcanti Ramos. OS PROGRAMAS DE INTEGRIDADE PARA CONTRATAÇÃO COM A ADMINISTRAÇÃO PÚBLICA ESTADUAL: nudge ou obrigação legal? um olhar sobre as duas perspectivas. Revista Brasileira de Políticas Públicas, [S.L.], v. 8, n. 2, p. 386-404, 26 set. 2018. Centro de Ensino Unificado de Brasilia. http://dx.doi.org/10.5102/rbpp.v8i2.5332.

AYRES, Carlos; BODAL, Stephanie. Projeto de Lei pode impulsionar Programas de Compliance "de papel" e criar jabuticaba. 2020. Disponível em: <https://lec.com.br/blog/projeto-de-lei-pode-impulsionar-programas-de-compliance-de-papel-e-criar-jabuticaba/>. Acesso em: 26 set. 2020.

BRASIL. Senado Federal. Projeto de Lei PLS 435/2016. Altera o art. 7º da Lei nº 12.846, de 1º de agosto de 2013, para exigir a certificação de gestor de sistema de integridade como condição para atenuar sanções administrativas. Disponível em: <https://legis.senado.leg.br/sdleg-getter/documento?dm=4673100&ts=1594032868368&disposition=inline>. Acesso em: 26 set. 2020.

BRASIL. Câmara dos Deputados. Projeto de Lei PL n. 1.588/2020. Altera a Lei no 12.846, de 1º de agosto de 2013 (Lei Anticorrupção), para dispor sobre a exigência de certificação de gestor de sistema de integridade como condição para atenuar sanções administrativas. Disponível em: <https://www.camara.leg.br/proposicoesWeb/prop_mostrarintegra?codteor=1873514>. Acesso em: 26 set. 2020.

_____. Superintendência de Desenvolvimento de Mercado. Comissão de Valores Mobiliários. **RELATÓRIO DE ANÁLISE:** Audiência Pública SDM nº 02/18 – Processo CVM SEI nº 19957.006565/2017-86. 2019. Disponível em: <http://www.cvm.gov.br/export/sites/cvm/audiencias_publicas/ap_sdm/anexos/2018/sdm0218relatorio_de_analise.pdf>. Acesso em: 26 set. 2020.

COSTA, Gabriela Revoredo Pereira da. **Compliance, Lei da Empresa Limpa e Lei Sapin II:** uma análise da aplicação do regime de obrigatoriedade de adoção de programas de integridade corporativa no Brasil. 2017. 111 f. Monografia (Graduação em Direito) – Universidade Federal do Rio Grande do Norte, Natal, 2017.

CUNHA, Rogério Sanches; SOUZA, Renee. **Lei Anticorrupção Empresarial**. Salvador: Editora Juspodivm, 2017.

CUNHA, Carlos Eduardo Martins. COMPLIANCE E LEI 7.753/2017 DO ESTADO DO RIO DE JANEIRO. 2018. 28 f. TCC (Graduação) – Curso de Ciências Contábeis, Universidade Cândido Mendes, Rio de Janeiro, 2018. Disponível em: https://www.candidomendes.edu.br/wp-content/uploads/2019/05/2018-TCC-Carlos-Eduardo-Cunha-1.pdf. Acesso em: 26 set. 2020.

ÉTUDE D'IMPACT. **Projet de loi relatif à la transparence, à la lutte contre la corruption et à la modernisation de la vie économique**. 2016. Disponível em: <https://www.legifrance.gouv.fr/contenu/Media/Files/autour-de-la-loi/legislatif-et-reglementaire/etudes-d-impact-des-lois/ei_art_39_2016/ei_transparence_corruption_modernisation_vie_economique_cm_30.03.2016.pdf.pdf>. Acesso em: 01 out. 2020.

FRANÇA. Lei nº 2016-1691, de 09 de dezembro de 2016. Relative à la transparence, à la lutte contre la corruption et à la modernisation de la vie économique. Paris, França. Disponível em: <https://www.legifrance.gouv.fr/loda/id/JORFTEXT000033558528/2020-09-10/>. Acesso em: 27 set. 2020.

MALUF, Gabriela. Projeto de Lei regulamenta a certificação de programas de Compliance. 2020. Disponível em: https://antissuborno.com.br/projeto-de-lei-regulamenta-a-certificacao-de-programas-de-compliance/. Acesso em: 26 set. 2020.

SCHRAMM, Fernanda Santos. **O *Compliance* como instrumento de combate à corrupção no âmbito das contratações públicas.** 2018. 317 f. Dissertação (Mestrado) – Pós-Graduação em Direito, Centro de Ciências Jurídicas, Universidade Federal de Santa Catarina, Florianópolis, 2018. Disponível em: <https://edisciplinas.usp.br/pluginfile.php/4282318/mod_resource/content/0/DISSERTA%C3%87%C3%83O%20-%20FERNANDA%20SCHRAMM%20%28ler%20pag.%20171%20a%20235%29.pdf>. Acesso em: 26 set. 2020.

TOCANTINS. Assembleia Legislativa. Projeto de Lei n.º 8/2018. Dispõe sobre a instituição da implantação do Programa de Integridade e certificação do Sistema de Gestão Antissuborno para empresas que celebrarem contrato, consórcio ou convênio com a Administração Pública do Estado do Tocantins e dá outras providências. Disponível em: <https://www.al.to.leg.br/arquivos/diario-oficial_2570_43753.PDF>. Acesso em: 26/09/2020.

ZILIOTTO, Mirela Miró. A obrigatoriedade da implementação de programa de integridade nas contratações de grande vulto à luz do artigo 25, parágrafo 4º, do Projeto de Lei Nº 1292/95. 2019. Disponível em: <http://www.novaleilicitacao.com.br/2019/10/29/a-obrigatoriedade-da-implementacao-de-programa-de-integridade-nas-contratacoes-de-grande-vulto-a-

-luz-do-artigo-25-paragrafo-4o-do-projeto-de-lei-no-1292-95/#_ftn8>. Acesso em: 02 out. 2020.

Legislação

BRASIL. Lei nº 12.846, de 1° de agosto de 2013. Dispõe sobre a responsabilização administrativa e civil de pessoas jurídicas pela prática de atos contra a administração pública, nacional ou estrangeira, e dá outras providências. Diário Oficial da União. Brasília, 2 ago. 2013.

_____. Decreto nº 8.420, de 18 de março de 2015. Regulamenta a Lei no 12.846, de 1o de agosto de 2013, que dispõe sobre a responsabilização administrativa de pessoas jurídicas pela prática de atos contra a administração pública, nacional ou estrangeira e dá outras providências. Diário Oficial da União. Brasília, 19 mar. 2015.

_____. Controladoria-Geral da União. Instrução Normativa nº 13, de 08 de agosto de 2019. Define os procedimentos para apuração da responsabilidade administrativa de pessoas jurídicas de que trata a Lei nº 12.846, de 1º de agosto de 2013, a serem observados pelos órgãos e entidades do Poder Executivo federal. Diário Oficial da União. Brasília, nº 154, 12 ago. 2019, Seção 1, p.82.

DISTRITO FEDERAL. Lei distrital nº 6112, de 02 de fevereiro de 2018. Dispõe sobre a implementação de Programa de Integridade em pessoas jurídicas que firmem relação contratual de qualquer natureza com a administração pública do Distrito Federal em todas as esferas de poder e dá outras providências (Redação da ementa dada pela Lei Nº 6308 DE 13/06/2019). Brasília, DF.

_____. Decreto nº 40.388, de 14 de janeiro de 2020. Dispõe sobre a avaliação de programas de integridade de pessoas jurídicas que celebrem contratos, consórcios, convênios, concessões ou parcerias público-privadas com a administração pública direta ou indireta do Distrito Federal, de acordo com a Lei nº 6.112, de 02 de fevereiro de 2018. Brasília, DF. Disponível em: <http://www.sinj.df.gov.br/sinj/Norma/086e6cf411324809973472ec9f54060a/Decreto_40388_14_01_2020.html> . Acesso em 02 out. 2020.

_____. Portaria nº 121, de 08 de julho de 2020. Dispõe sobre os procedimentos e diretrizes de avaliação quanto à aplicação e efetividade dos programas de integridade das pessoas jurídicas que celebrem contrato, consórcio, convênio, concessão, parceria público-privada e qualquer outro instrumento ou forma de avença similar, inclusive decorrente de contratação direta ou emergencial, pregão eletrônico e dispensa ou inexigibilidade de licitação, com a administração pública direta ou indireta do Distrito Federal em todas as esferas de poder, de acordo com a Lei nº 6.112, de 2 de fevereiro de 2018, e dá outras providências. Brasília, DF. Disponível em: <http://www.sinj.df.gov.br/sinj/Norma/df25a512c06b-422c96e2edffb56694a1/Portaria_121_08_07_2020.html>. Acesso em 02 out. 2020.

RIO DE JANEIRO (Estado). Lei no 7.753, de 17 de outubro de 2017. Dispõe sobre a instituição do programa de integridade nas empresas que contratarem com a Administração Pública do Estado do Rio de Janeiro e dá outras providências. Rio de Janeiro, RJ.

TRABALHO EM PLATAFORMAS DIGITAIS: ANÁLISE DO REGIME JURÍDICO ATUAL E PERSPECTIVAS FUTURAS

Tatiane Neves Alves

Introdução

Com a evolução da internet das coisas, novas soluções tecnológicas surgiram e modelos de negócio disruptivos trouxeram serviços até então impensáveis, os quais passaram a ser incorporados na nossa realidade e no nosso cotidiano. Estas tecnologias desafiam e modificam constantemente tudo que conhecemos: os nossos hábitos de consumo, as nossas preferências, a forma como nos comunicamos e interagimos em sociedade e a forma como trabalhamos.

Neste último contexto, as plataformas digitais desempenham um papel muito importante – o termo "trabalho sob demanda" ou "trabalho em plataforma" já se tornou muito disseminado. Alguns *marketplaces* digitais são responsáveis por essa revolução que desafia diariamente a aplicação do Direito nestas novas relações. Os *marketplaces* digitais são plataformas online (aplicativos para celulares, *softwares* e *websites*) que disponibilizam o ambiente digital para o comércio de bens e serviços disponíveis no mundo *offline;* são exemplos, hoje, as plataformas digitais como Uber, 99, Cabify, iFood, Rappi, Uber Eats e Loggi no Brasil. Tais plataformas digitais se prestam a conectar os trabalhadores interessados em disponibilizar os seus serviços aos consumidores interessados em contratar os serviços em questão.

Considerando a mudança de paradigma trazida por estas empresas no que se refere a forma como o trabalho é desempenhado, nos deparamos com um debate incipiente: estamos diante de uma relação de emprego?

Quando observamos as ações individuais ajuizadas na justiça do trabalho que visam responder essa questão, podemos dizer que existe uma consistência e constância na opinião dos Tribunais pelo não reconhecimento do vínculo[1], embora ainda não exista uma decisão definitiva do Tribunal Superior do Trabalho e do Supremo Tribunal Federal.

É justamente a indefinição do tema que traz grande insegurança jurídica, não só para as empresas e os seus investidores, mas em especial para os trabalhadores. Este debate pode mudar o rumo destas empresas que já se consolidaram no Brasil e alterar completamente o modelo de negócio estabelecido por estas, arriscando também a existência ou permanência no país destas plataformas digitais.

Para além da análise da existência ou não do vínculo empregatício também importa compreender como definir e endereçar a questão futuramente, traçando os limites e fundamentos desta nova modalidade de trabalho.

Como metodologia, o enfoque se deu na análise de: estudos que demonstram informações e dados concretos sobre esta nova realidade; casos judiciais importantes envolvendo o tema; doutrina sobre o direito do trabalho e artigos mais específicos sobre o futuro do trabalho e o trabalho em plataformas digitais.

[1] Será demonstrado no primeiro capítulo as análises estatísticas sobre as decisões dos casos na justiça trabalhista envolvendo o pedido de vínculo entre estes profissionais e as plataformas.

No primeiro capítulo, o cenário fático será apresentado, tratando sobre as plataformas digitais e o modelo de negócios destas, juntamente com o perfil socioeconômico destes trabalhadores através de um estudo sobre os motoristas que se utilizam da plataforma da Uber na América Latina. Conhecendo quem são os atores dentro deste contexto de trabalho em plataformas digitais, serão analisados os aspectos técnicos, passando pela análise da lei vigente e pelas estatísticas que trazem a interpretação dada aos casos concretos pelo poder judiciário. Por fim, no último capítulo, será abordado o primeiro passo para dirimir a controvérsia, trazendo a necessidade de um esforço das empresas pela garantia de condições dignas de trabalho e de um movimento dos formuladores de políticas públicas para abarcar estas novas relações de trabalho, adaptando os mecanismos existentes para garantir a proteção social adequada para estes trabalhadores.

Não será explorado no detalhe como formular tais políticas públicas, nem mesmo onde ou em qual grau o poder público deve intervir nestas relações; a conclusão se limita a enfatizar a necessidade de uma regulação específica com o condão de abarcar as mudanças trazidas pela tecnologia em prol do indivíduo, das empresas e da sociedade, sem tentar fazer caber dentro de um modelo de relação de emprego, o qual não guarda relação com a realidade do trabalho em plataformas digitais.

1. As plataformas digitais e os trabalhadores

1.1. As plataformas digitais e seu modelo de negócio

As plataformas digitais são, majoritariamente, empresas mais bem definidas como um *marketplace*[2], que se inserem na lógica

[2] Um marketplace é um espaço onde vendedores e compradores se encontram e fazem transações. Falando mais especificamente do mundo virtual, marketplaces são plataformas onde vendedores oferecem seus produtos e serviços a potenciais compradores. Leia mais em: UOL. *O Que é Um Marketplace e Como Ele Pode Ser Útil*

do mercado "*online to offline*" – cujo conceito se traduz na oferta *online* de produtos e serviços que serão consumidos ou utilizados no mundo físico ou *offline*.

Estas empresas geralmente são titulares de plataformas de tecnologia que através de inteligência artificial e algoritmos são capazes de conectar as pontas interessadas em contratar um determinado produto ou serviço, podendo variar frequentemente a sua área de atuação, em razão do serviço ou produto facilitado.

Funcionam, portanto, como um agente (ou intermediário), em consonância com a própria classificação do Pronunciamento Técnico CPC 47 do Comitê de Pronunciamentos Contábeis ("CPC 47")[3], a qual define que a entidade é agente se a obrigação de desempenho da entidade for providenciar o fornecimento de bens ou serviços especificados por outra parte, não controlando o bem ou serviço antes que este seja fornecido ou transferido ao cliente.

Para delimitar e especificar a análise, optamos por restringi-la às plataformas digitais que atuam no transporte individual privado de passageiros (tais como Uber, 99, Cabify, etc.) e as que atuam no *delivery* ou entrega de mercadorias (tais como Loggi, iFood, Rappi, James Delivery, etc.) cujas atuações configuram e criam os contornos da então conhecida "*gig economy*". A *gig economy* ou "economia do bico" é caracterizada pelas opções alternativas de oportunidades de trabalho de forma flexível e fragmentada, com o intuito de complemento de renda.

A discussão do trabalho em plataformas digitais é mais ampla e pode abranger outras empresas além das que compõem a *gig*

Para Minha Loja Virtual? UOL, 2020. Disponível em: <https://meunegocio.uol.com.br/blog/o-que-e-um-marketplace-e-como-ele-pode-ser-util-para-minha-loja-virtual/#rmcl>. Acesso em: 04 de outubro de 2020, às 22:40h.

[3] Disponível em: <http://static.cpc.aatb.com.br/Documentos/527_CPC_47_Rev%2014.pdf>. Último acesso em 04 de outubro de 2020, às 23:18h.

economy, mas é acerca do modelo de negócio destas empresas que gira a discussão da existência (ou inexistência) do vínculo empregatício entre os trabalhadores e as plataformas digitais.

Tal como define a citada classificação do CPC 47, estas empresas se classificam como agentes pois funcionam como intermediárias entre o consumidor final (do serviço de entrega ou de transporte individual privado) e o motorista ou o entregador. As plataformas de *delivery* fazem uma intermediação entre três pontas, concomitantemente: estabelecimento comercial e consumidor final, estabelecimento comercial e entregador e, por fim, consumidor final e entregador. Desta forma, há não só uma intermediação da compra e venda do produto, mas também uma intermediação da contratação do serviço de entrega. Já as plataformas de transporte individual privado se limitam a fazer a intermediação entre o passageiro e o motorista. A receita destas empresas advém de uma comissão cobrada de uma das pontas: as plataformas de transporte individual privado retêm uma porcentagem do valor pago pelo passageiro ao motorista como comissão pelo sucesso no agenciamento da referida transação; enquanto as plataformas de *delivery* comumente retêm uma porcentagem do valor da venda do produto do estabelecimento comercial em razão da transação realizada na plataforma.

É fundamental que a forma como estas empresas organizam a sua atividade econômica esteja clara, para que então seja possível compreender como se dá a relação entre os trabalhadores e as plataformas digitais.

A tese do Ministério Público do Trabalho nas Ações Coletivas já ajuizadas[4] visa descaracterizar o modelo de negócios

[4] O Ministério Público do Trabalho de São Paulo ajuizou, em 2019, Ação Civil Pública em face das empresas iFood e Rapiddo (Processo nº 1000100-78.2019.5.02.0037) e Loggi. (Processo nº 1001058-88.2018.5.02.0008). Disponíveis respectivamente em: <https://pje.trt2.jus.br/consultaprocessual/detalhe-processo/10001007820195020037> e <https://pje.trt2.jus.br/

acima descrito, pois faz crer que as empresas são verdadeiras empresas de transporte individual privado e de entregas. O *parquet* defende que as plataformas digitais controlam a forma e o preço do serviço e que estes trabalhadores compõem um elemento central da atividade empresarial. Ao desconstruir a figura de agente, o Ministério Público do Trabalho visa traçar a tese da subordinação estrutural, a qual vamos tratar mais adiante.

Já as empresas reafirmam o seu modelo de negócios, tanto pois é lícita a figura de agente, quanto completamente viável juridicamente o modelo de intermediação em questão. A plataforma nada mais é do que um ambiente digital que facilita as transações e as multiplica de forma exponencial. No caso do *delivery*, fica nítida a mudança comportamental e a facilidade trazida, bem como a ampliação do alcance das transações realizadas no mundo real – não é inovador o hábito de pedir comida para ser entregue em uma residência – mas a tecnologia teve o papel de alavancar este hábito, pois facilitou a conexão entre todas as pontas interessadas neste mercado, centralizando e organizando as informações ao consumidor e atraindo a clientela aos estabelecimentos e aos trabalhadores.

1.2. O perfil socioeconômico dos trabalhadores

Um estudo realizado pelo Banco Interamericano de Desenvolvimento (BID)[5] buscou traçar o perfil socioeconômico dos traba-

consultaprocessual/detalhe-processo/10010588820185020008>. Último acesso em: 05 de outubro de 2020, às 21:16h.

[5] INTER-AMERICAN DEVELOPMENT BANK. *Who Drives On Ride-hailing Platforms in Latin America? A Profil of Uber Drivers in Brazil, Chile, Colombia, and Mexico*, 2019. Disponível em: <https://publications.iadb.org/publications/english/document/Who_Uses_Ride-Hailing_Platforms_to_Drive_in_Latin_America_A_Profile_of_Uber_Drivers_in_Brazil_Chile_Colombia_and_Mexico_en.pdf>. Último acesso em: 04 de outubro de 2020, às 23:28h.

lhadores que utilizam a plataforma da Uber na América Latina. Estes dados são fundamentais pois, para que se discuta a relação tida entre as plataformas digitais e os trabalhadores, não só precisamos entender como as empresas se estruturam, como o fizemos acima, mas também, compreender quem são estes profissionais e onde estes se enquadram no mercado de trabalho.

O estudo aponta que 94% destes profissionais são homens, com uma idade média de trinta e oito anos, os quais geralmente são os principais responsáveis pela renda familiar, sendo que 90% dos trabalhadores têm ensino médio completo ou incompleto. É possível inferir que para grande parte destes profissionais, o trabalho em plataformas digitais é uma ocupação secundária, uma vez que 73% das pessoas estavam economicamente ativas antes de ingressar na plataforma e 45% têm outra atividade econômica.

Em relação ao trabalho em plataformas digitais, os motoristas passam, em média, dezenove horas por semana trabalhando e a grande maioria utiliza a plataforma menos que trinta horas por semana. Ainda, há uma porcentagem significativa (35%) que só utiliza a plataforma para trabalhar aos fins de semana, o que reforça que esta é uma ocupação secundária ou apenas uma fonte alternativa de renda.

Quando os entrevistados foram questionados sobre a satisfação desta modalidade de trabalho em relação a um regime de trabalho com vínculo empregatício, apenas 40% afirmaram que parariam de utilizar a plataforma da Uber caso lhes fosse oferecido um emprego com carteira assinada cujo salário pago fosse o mesmo valor obtido com a plataforma. Ainda, quando incitados a refletir quais foram os principais motivos que os fizeram optar pelo trabalho com a plataforma, dentre dez motivos elencados pela pesquisa, os três mais citados foram: aumento nos ganhos (76%); flexibilidade de horário (66%); e ser o seu próprio chefe (63%).

Estes dados nos ajudam a concluir, portanto, que dentre estes trabalhadores é possível encontrar tanto profissionais já ocupados, quanto pessoas que precisavam ingressar no mercado de trabalho, apontando que os aplicativos aumentam exponencialmente as oportunidades existentes, incluindo algumas pessoas cujo acesso ao mercado de trabalho é mais difícil em razão da idade ou experiência profissional. Importante pontuar também, que na visão destes trabalhadores, o trabalho em plataformas digitais é uma oportunidade de geração de renda (seja para aqueles que passam mais ou menos tempo na plataforma); e que alguns trabalhadores preferem essa modalidade de trabalho ainda que tivessem uma oportunidade semelhante cuja relação seria de emprego, propriamente.

O que interessa nos aplicativos para estes profissionais é essencialmente o que diferencia essa nova relação a uma relação de emprego tradicional, pois os principais atrativos são, justamente, a liberdade de compor a própria renda e a flexibilidade de horários, podendo ter uma ocupação alternativa ou até mesmo alternar estas preferências de ocupação. Isto só é possível através do trabalho desempenhado sem o vínculo empregatício, já que este disporia de jornadas de trabalho fixas e com imposição de regras para a execução do trabalho, ficando claro que os próprios trabalhadores possuem a dimensão do funcionamento deste modelo e das vantagens e desvantagens que este representa.

2. A letra da lei: o vínculo empregatício na consolidação das leis do trabalho

A Consolidação das Leis do Trabalho (CLT) elenca nos seus artigos 2º e 3º quem é o empregador e quem é o empregado, determinando, portanto, como se configura uma relação de emprego[6]:

[6] BRASIL, *Decreto-Lei nº 5.452, de 1º de maio de 1943 – Consolidação das Leis Trabalhistas (CLT)*. Disponível em: <http://www.planalto.gov.br/ccivil_03/decreto-lei/del5452.htm>. Último acesso em: 05 de outubro de 2020, às 20:0h.

Art. 2º – Considera-se empregador a empresa, individual ou coletiva, que, assumindo os riscos da atividade econômica, admite, assalaria e dirige a prestação pessoal de serviço.

§ 1º – Equiparam-se ao empregador, para os efeitos exclusivos da relação de emprego, os profissionais liberais, as instituições de beneficência, as associações recreativas ou outras instituições sem fins lucrativos, que admitirem trabalhadores como empregados.

§ 2º – Sempre que uma ou mais empresas, tendo, embora, cada uma delas, personalidade jurídica própria, estiverem sob a direção, controle ou administração de outra, ou ainda quando, mesmo guardando cada uma sua autonomia, integrem grupo econômico, serão responsáveis solidariamente pelas obrigações decorrentes da relação de emprego.

§ 3º – Não caracteriza grupo econômico a mera identidade de sócios, sendo necessárias, para a configuração do grupo, a demonstração do interesse integrado, a efetiva comunhão de interesses e a atuação conjunta das empresas dele integrantes.

Art. 3º – Considera-se empregado toda pessoa física que prestar serviços de natureza não eventual a empregador, sob a dependência deste e mediante salário.

Parágrafo único – Não haverá distinções relativas à espécie de emprego e à condição de trabalhador, nem entre o trabalho intelectual, técnico e manual.

A existência e preenchimento de todos os requisitos previstos em lei de forma concomitante é necessária para a configuração de uma relação de emprego, tal como define Vália Bonfim Cassar[7]:

[7] Cassar, Vália Bomfim. *Direito do Trabalho: De Acordo Com a Reforma Trabalhista*. 2019, p. 250.

Para que um trabalhador urbano ou rural seja considerado como empregado, mister que preencha, ao mesmo tempo, todos os requisitos abaixo:

a) Pessoalidade;
b) Subordinação;
c) Onerosidade;
d) Não eventualidade;
e) O empregado não corre o risco do empreendimento;

Via de consequência, a ausência de qualquer um destes requisitos descaracteriza o trabalhador como empregado. Podemos então, de acordo com os pressupostos acima, conceituar empregado como toda pessoa física que preste serviço a empregador (pessoa física ou jurídica) de forma não eventual, com subordinação jurídica, mediante salário, sem correr os riscos do negócio.

O que diferente substancialmente o trabalho autônomo, ou seja, aquele onde inexiste relação de emprego, é a subordinação. Autonomia é antítese de subordinação, conceito mais bem definido por Vália Bomfim Cassar[8]:

> A subordinação nada mais é que o dever de obediência ou o estado de dependência na conduta profissional, a sujeição às regras, orientações e normas estabelecidas pelo empregador inerentes ao contrato, à função, desde que legais e não abusivas.

O intuito do trabalhador que se utiliza das plataformas digitais é justamente se valer da tecnologia para oferecer os seus serviços como, quando e onde quiser, para uma gama extensa de consumidores existentes na plataforma e que buscam os serviços. Os trabalhadores são livres para aceitar quantas viagens ou entregas farão, quando se conectam e se desconectam das

[8] Cassar. Op. cit., p. 255.

plataformas digitais, dotando de total autonomia não só para estabelecer a sua rotina, mas também para compor a sua renda, podendo inclusive se utilizar de mais de uma plataforma digital para ofertar os seus serviços[9].

A exclusividade não é um requisito para que se configure uma relação de emprego, mas prestar serviços para empresas concorrentes enquanto empregado pode ocasionar demissão por justa causa[10].

Existindo total liberdade e autonomia para que os trabalhadores exerçam suas atividades, não há o que se falar em existência de subordinação nessa relação.

A aderência da tese de subordinação estrutural será analisada adiante, mas é importante compreender esta concepção "estrutural" dada ao conceito de subordinação, a qual é mais bem definida por Mauricio Godinho[11]:

> Estrutural é, pois, a subordinação que se manifesta pela inserção do trabalhador na dinâmica do tomador de seus serviços, independente de receber (ou não) suas ordens diretas, mas acolhendo, estruturalmente, sua dinâmica de organização e funcionamento.

[9] Baseado na análise dos Termos e Condições de Uso das plataformas Uber e iFood (plataformas que são líderes de mercado nos setores de transporte individual privado de passageiros e delivery). Disponíveis respectivamente em: <https://www.uber.com/legal/en/document/?name=general-terms-of-use&country=brazil&lang=pt-br> e <https://entregador.ifood.com.br/termosdeuso/>. Último acesso em: 05 de outubro de 2020, às 20:37h.

[10] De acordo com o artigo 482, alínea "c" da CLT: *constituem justa causa para rescisão do contrato de trabalho pelo empregador: (...) c) negociação habitual por conta própria ou alheia sem permissão do empregador, e quando constituir ato de concorrência à empresa para a qual trabalha o empregado, ou for prejudicial ao serviço.* Disponível em: <http://www.planalto.gov.br/ccivil_03/decreto-lei/del5452.htm>. Último acesso em: 05 de outubro de 2020, às 20:0h.

[11] Delgado, Mauricio Godinho. *Curso de Direito do Trabalho.* 2006, p. 667.

Ainda que seja considerada a concepção e dimensão estrutural de subordinação (que se difere da clássica ao dispor que há sujeição do trabalhador ao empregador por este se inserir na lógica de funcionamento da atividade econômica), não há como enxergar uma relação de subordinação sendo construída entre os trabalhadores e as plataformas digitais.

Isto pois, muito embora as plataformas digitais definam regras uniformes para todos aqueles que a utilizam, as regras não visam dirigir ou controlar a prestação dos serviços, nem mesmo inserir o trabalhador na dinâmica da atividade econômica das empresas como descreve Mauricio Godinho acima.

A uniformização e padronização das regras são necessárias para que toda a lógica de facilitação gerada pela tecnologia ao realizar a intermediação entre as partes interessadas funcione e atinja o objetivo a que se propõe a todos os usuários. O ambiente digital só é capaz de amplificar o acesso pois uniformiza, padroniza e automatiza, tornando possível o impacto em escala.

3. Os precedentes: como o judiciário entende a questão

As análises de jurimetria[12] nos ajudam a compreender as estatísticas de como a justiça brasileira vem decidindo os litígios que versam sobre o pedido de reconhecimento de vínculo dos trabalhadores com as plataformas digitais[13].

[12] Jurimetria é a disciplina resultante da aplicação de modelos estatísticos na compreensão dos processos, das decisões judiciais e dos fatos jurídicos. É o método que estabelece condições de análises descritivas e diagnósticas, além de evidenciar dinâmicas sobre a causa raiz de situações identificadas como relevantes. KREUSCH, Valdemiro. Jurimetria: *O Que É E Como Fica A Advocacia Depois Dessa Revolução*, 2020. Disponível em: <https://blog.sajadv.com.br/jurimetria/>. Último acesso em: 05 de outubro de 2020, às 20:47h.

[13] Importante ressaltar que como a distribuição de processos é dinâmica e que cada análise representa uma fotografia da data em que foi realizada, o número total de casos e decisões disponíveis à época podem sofrer alterações, de toda forma, os dados nos levarão a uma conclusão coerente do tema.

A primeira análise dá enfoque às sentenças de primeiro grau dos litígios onde se busca o reconhecimento de vínculo entre os trabalhadores e as plataformas digitais, propostos em face das principais plataformas de transporte individual privado e *delivery* (Uber, 99, Cabify, Loggi, Rappi, Rapiddo e iFood) e nos cinco principais estados brasileiros onde estes serviços se concentram (São Paulo, Minas Gerais, Rio de Janeiro, Pernambuco e Distrito Federal) e os números centrais nos mostram que as decisões são favoráveis às empresas em 90% dos casos, sendo que dentre eles, 11% dos casos foram extintos sem resolução do mérito e 79% dos casos tiveram sentença de improcedência ao pedido de reconhecimento de vínculo[14].

A segunda análise apura os processos sobre o tema nos Tribunais Regionais do Trabalho das empresas Rappi, iFood e Uber (para a Uber, tanto considerando os motoristas, quanto os entregadores) e nos aponta o seguinte[15]:

> Das 432 ações já julgadas, apenas cinco foram favoráveis aos entregadores e em 172 delas as empresas ganharam. O levantamento mostra ainda que 81 pedidos foram parcialmente aceitos, em 97 foram feitos acordos e houve desistência em 40 desses casos. Os demais foram encerrados por questões processuais – arquivados por ausência do trabalhador, prescritos, entre outros motivos.

[14] MANDALITI ADVOGADOS. *Relatório de Jurimetria IFOOD*, 2019. Disponível em: <https://pje.trt2.jus.br/consultaprocessual/detalhe-processo/10001007820195020037>. Último acesso em: 05 de outubro de 2020, às 20:51h.

[15] OLIVON, Beatriz. *Placar na Justiça do Trabalho é Favorável às Empresas de Aplicativo*, 2020. Disponível em: <https://valor.globo.com/legislacao/noticia/2020/07/24/placar-na-justica-do-trabalho-e-favoravel-as-empresas-de-aplicativo.ghtml>. Último acesso em: 05 de outubro de 2020, às 20:57h.

Ainda, uma terceira e última análise a ser abordada, nos traz uma apuração dos casos referente às plataformas de transporte individual privado e *delivery*, contemplando um número maior de empresas e consequentemente de casos, com o seguinte achado[16]:

> Com o uso de suas ferramentas estatísticas, a pesquisa da Data Lawyer extraiu 2.092 casos trabalhistas referente às plataformas digitais que prestam como serviço transporte de pessoas ou alimentos, dentre os quais 935 ações abordam, como assunto, o pleito pelo vínculo empregatício. Partindo desse universo, estes escribas também fizeram seu dever de casa. Veja-se.
>
> Nos 106 Recursos Ordinários interpostos, 81 (76%) foram no sentido de não reconhecimento do vínculo empregatício, por meio de acórdão parcial ou integralmente improcedentes, 6 (7%) foram desfavoráveis, determinando a anotação na carteira do trabalhador, em 10 (9%) casos foram fechados acordos antes do julgamento, e 9 (8%) ainda aguardam a prolação do acórdão.
>
> Como argumento para o não reconhecimento do vínculo, a jurisprudência finca seu entendimento na inexistência dos pressupostos elencados pelo art. 2º e 3º da CLT, visto que o requerente não recebe ordens ou orientações da empresa, trabalhando sem controle de horário, tendo liberdade para estabelecer a sua própria rotina de trabalho e meta de produtividade.

Diante desses dados, é possível concluir que a justiça brasileira já pautou seu entendimento acerca do tema, e em linha com a exposição do capítulo anterior sobre os requisitos neces-

16 BECKER, Daniel; OBREGON, Fernanda. *Trabalho em Plataforma: Onde terminam os Dados e Começa a Ideologia?* Disponível em: <https://www.jota.info/opiniao-e-analise/colunas/regulacao-e-novas-tecnologias/trabalho-em-plataforma-onde-terminam-os-dados-e-comeca-a-ideologia-01082020>. Último acesso em: 05 de outubro de 2020, às 20:59h.

sários para o vínculo empregatício, não há como sustentar a existência de uma relação de emprego neste contexto, sendo que as decisões frequentemente abordam na sua fundamentação a ausência de subordinação entre os trabalhadores e as plataformas digitais.

Dentro dos elementos explorados anteriormente como necessários para se ver ou não presente a relação de emprego, a primeira análise também traz números que reforçam que o elemento da subordinação é central nas discussões, pois diferente dos demais, a menção a este elemento estava presente em 100% das sentenças e acórdãos proferidos nos casos. O segundo elemento mais explorado nas fundamentações é a habitualidade; o que nos permite concluir, portanto, que o fato dos profissionais serem livres para se conectar quando desejarem e a autonomia para decidir se aceitam ou não a execução de uma atividade, afasta a habitualidade e a subordinação na relação com as plataformas digitais.

Ainda, no que se refere à tese conexa de subordinação estrutural, depreende-se do estudo que em todas as sentenças onde não foi reconhecido o vínculo empregatício, a tese de subordinação estrutural não foi recepcionada e os juízes se limitaram a analisar a presença ou a ausência dos requisitos elencados no artigo 3º da CLT[17]. Sobre este tópico ainda, a primeira análise traz o seguinte[18]:

[17] Artigo 3º: *considera-se empregado toda pessoa física que prestar serviços de natureza não eventual a empregador, sob a dependência deste e mediante salário.* Disponível em: <http://www.planalto.gov.br/ccivil_03/decreto-lei/del5452.htm>. Último acesso em: 05 de outubro de 2020, às 20:0h.

[18] MANDALITI ADVOGADOS. *Relatório de Jurimetria IFOOD*, 2019. Disponível em: <https://pje.trt2.jus.br/consultaprocessual/detalhe-processo/10001007820195020037>. Último acesso em: 05 de outubro de 2020, às 20:51h.

> Conclui-se, assim, em relação à aplicação da mencionada teoria da subordinação estrutural, que além de sua utilização conduzir à extinção de qualquer outra forma de trabalho diversa do emprego, interfere na livre iniciativa e na própria gestão das empresas, o julgador usurpa sua competência, elastecendo indevidamente o conceito jurídico de subordinação.

Para ilustrar como os magistrados costumam enfrentar a inexistência do preenchimento dos requisitos do artigo 3º da CLT citados anteriormente, extraímos um trecho de um acórdão[19]:

> No caso dos autos, a relação travada entre as partes é diferenciada, decorrente dos avanços sociais e comportamentais oriundos das novas tecnologias. Nos dizeres da reclamada, a plataforma por ela desenvolvida se insere num novo modelo de negócios conhecido por "economia do compartilhamento", por meio da qual plataformas de software conectam compradores e vendedores, locadores com locatários, ou, no caso da Uber, motoristas com clientes/usuários. Pois bem, resta incontroverso que o reclamante se ativou como motorista, fazendo uso da plataforma fornecida pela ré. Resta analisar se a relação se deu com onerosidade, pessoalidade, subordinação e habitualidade. [...] De pronto se verifica que ausente o requisito da pessoalidade, uma vez que o vínculo entre o motorista e a empresa ré se dá mediante cadastro na plataforma Uber, através do qual o prestador/motorista é interligado ao cliente/passageiro e, no caso dos autos, o autor sequer era titular da conta perante a ré, informando que utilizava conta e veículo de sua cunhada, o que, por si só, afasta o requisito da pessoalidade.

[19] BRASIL. Tribunal Regional do Trabalho da 2ª Região. *Vínculo Empregatício. Requisitos do Artigo 3º da CLT. Processo nº 1001240-51.2017.5.02.0027. Data de Publicação: 16 de agosto de 2018.* Disponível em: <https://pje.trt2.jus.br/consultaprocessual/detalhe-processo/10012405120175020027>. Último acesso em: 06 de out. de 2020, às 21:33h.

> O depoimento da testemunha insuspeita do reclamante, a única por ele apresentada, deixa evidente a ausência de subordinação, extraindo-se, de seu depoimento, que havia liberdade para escolha dos períodos de atividade e inatividade [...]. Não bastasse, o depoimento da testemunha única da reclamada, de uma vez por todas, refuta a natureza empregatícia do vínculo, deixando claro que o papel da reclamada é tão somente fomentar, via plataforma online, a saber, o aplicativo "Uber", o transporte compartilhado de passageiros, sem ingerência na avaliação do motorista/usuário [...]. Emerge dos autos a inexistência de subordinação jurídica entre autor e ré, sendo clarividente a prestação de serviços autônomos, desvinculada do liame empregatício. Não há como reconhecer o liame empregatício entre o motorista que se utiliza de plataforma online para coletar passageiros e a empresa que desenvolve tal suporte, ainda que esta imponha medidas gerais para cadastramento de motoristas/usuários, não passando esta postura de mera seleção e controle de qualidade do serviço prestado, uma vez constatada a ampla autonomia do usuário prestador de serviços. Recurso do reclamante a que se nega provimento para manter a improcedência decretada na Origem.

Como se depreende do acórdão acima, algumas decisões ainda tomam o cuidado de analisar o modelo de negócios das plataformas digitais e reafirmar que estas são empresas de tecnologia cuja atividade é de intermediação entre as pontas – não há como sustentar que existe uma relação de emprego se a plataforma não é a tomadora dos serviços destes trabalhadores.

Ainda que não se possa falar de um precedente ou uma posição definitiva do Tribunal Superior do Trabalho, a corte julgou dois agravos de instrumento em recursos de revista que versavam sobre o pedido de reconhecimento de vínculo empregatício de motoristas em face da Uber, ambos reconhecendo a transcendência da matéria e opinando pela inexistência de vínculo de emprego nos casos, sendo que em um dos casos, a sentença foi reestabelecida, pois no primeiro grau a decisão havia sido no sentido de não reconhecer o vínculo, mas o acórdão do Tribunal Regional do Trabalho havia reformado em sentido oposto[20]; e no outro caso, o acórdão do Tribunal Regional do Trabalho que decidiu pelo não reconhecimento do vínculo foi mantido[21].

Ao ser incitado através de um conflito de competência[22] – buscando solucionar se a justiça cível ou trabalhista seria competente para julgar os conflitos entre os trabalhadores e as plataformas digitais (em uma ação ajuizada em face da Uber), o Superior Tribunal de Justiça opinou pela não existência de relação de emprego em razão da ausência dos requisitos pre-

[20] BRASIL. Tribunal Superior do Trabalho. *Agravo de Instrumento em Recurso de Revista. Acórdão publicado na vigência da Lei nº 13.015/2014. Vínculo de Emprego. Motorista. Uber. Ausência de Subordinação. Relator: Breno Medeiros. Processo nº 1000123-89.2017.5.02.0038. Data de Publicação: 07 de agosto de 2020.* Disponível em: <http://www.tst.jus.br/processos-do-tst>. Último acesso em: 05 de outubro de 2020, às 21:10h.

[21] BRASIL. Tribunal Superior do Trabalho. *Agravo de Instrumento em Recurso de Revista Interposto pela Reclamante. Acórdão Regional Publicado na vigência da Lei nº 13.015/2014 e 13.467/2017. Procedimento Sumaríssimo. Relação de Emprego. Reconhecimento de Vínculo. Trabalhador Autônomo. Motorista. Aplicativo. Uber. Impossibilidade. Transcendência Jurídica Reconhecida. Não Provimento. Relator: Ministro Alexandre Luiz Ramos. Processo nº 10575-88.2019.5.03.0003. Data de publicação: 11 de setembro de 2020.* Disponível em: <http://aplicacao5.tst.jus.br/consultaDocumento/acordao.do?anoProcInt=2020&numProcInt=10851&dtaPublicacaoStr=11/09/2020%2007:00:00&nia=7530625>. Último acesso em: 05 de outubro de 2020, às 21:12h.

[22] BRASIL. Superior Tribunal de Justiça. *Conflito Negativo de Competência. Incidente Manejado Sob a Égide do NCPC. Ação de Obrigação de Fazer c.c. Reparação de Danos Materiais e Morais Ajuizada por Motorista de Aplicativo Uber. Relação de Trabalho Não Caracterizada. Sharing Economy. Natureza Cível. Competência do Juízo Estadual. Relator: Ministro Moura Ribeiro. Processo nº 164.544 (MG 2019/0079952-0). Data de Publicação: 04 de setembro de 2019.* Disponível em: <https://ww2.stj.jus.br/processo/revista/documento/mediado/?componente=ITA&sequencial=1857953&num_registro=201900799520&data=20190904&formato=PDF>. Último acesso em: 05 de outubro de 2020, às 21:14h.

sentes no artigo 3º da CLT, cabendo à justiça comum dirimir os conflitos, por se tratar de relação puramente contratual e cível.

Embora a controvérsia não tenha tido um desfecho definitivo nas mais altas cortes do nosso país, é possível afirmar que o entendimento jurisprudencial é pela não configuração do vínculo empregatício nas relações entre os trabalhadores e as plataformas digitais.

Ainda assim, o conflito persiste e esta é uma relação frequentemente colocada em xeque pela sociedade, gerando insegurança jurídica para os trabalhadores e para as empresas, colocando em risco não só esta alternativa de trabalho, que se tornou uma oportunidade de geração de renda para muitas pessoas, mas também a própria existência das empresas que gerem as plataformas digitais no Brasil.

4. Como dirimir a controvérsia

Mudanças sociais demandam mudanças regulatórias proporcionais – é apenas através da discussão e criação de políticas públicas efetivas e equilibradas que estas novas relações poderão ser estabilizadas na nossa sociedade.

Se a letra da lei, no que tange à relação de emprego, não contempla completamente estas relações e o poder judiciário converge neste mesmo entendimento, não podemos tentar moldar a realidade para encaixá-la em uma roupagem jurídica inadequada. Em sede de sentença prolatada na Ação Civil Pública movida pelo Ministério Público do Trabalho de São Paulo em face do iFood onde se objetivava reconhecer vínculo empregatício entre a empresa e todos os entregadores cadastrados na plataforma, a juíza também entendeu desta forma[23]:

[23] BRASIL. 37ª Vara do Trabalho de São Paulo. Tribunal Regional do Trabalho da 2ª Região. *Autor: Ministério Público do Trabalho. Réu: Rapiddo Agência de Serviços de Entrega Rápida S.A. e Ifood.com Agência de Restaurantes Online S.A. Processo nº 1000100-78.2019.5.02.0037. Data de publicação: 27 de janeiro de 2020.* Disponível em: <https://

Observado o contrato de emprego sem romantismo, é de se esperar que haja uma parcela significativa da população com habilidades, capacidades e ânimo para o trabalho de outra forma que não em contrato de emprego e, existindo mecanismos capazes de gerar tais oportunidades de trabalho, devem ser regulados com o objetivo de cumprirem sua função social, conforme previsto no art. 170, III da CF/88.

Todo trabalho humano deve ser protegido pela lei, na medida que não sufoque, aniquile, impeça ou dificulte o desenvolvimento, quando o modelo decorrente não implicar em ilegalidades. Sendo que ao Poder Judiciário cabe a proteção do trabalho humano com a aplicação da lei ao caso posto em juízo.

Diante da separação dos poderes, não cabe ao Poder Judiciário alargar um instituto com o fim de com ele alcançar quem de fato e claramente está fora dele e não está desprotegido. A melhoria dessa proteção deve ser objeto de atividade legislativa. Importante relembrar que o legislador constituinte estendeu todos os direitos do empregado à uma classe de trabalhadores que não preenche os requisitos do contrato de emprego. O trabalhador avulso conquistou tais direitos em sede constitucional. [...]

Nessa esteira, no estágio atual da legislação o modelo analisado pode ofertar trabalho e renda, não se confundindo em nenhuma medida com emprego e renda.

Classificar os trabalhadores adequadamente, não só trará segurança jurídica, como também está de acordo com o que a própria Organização Internacional do Trabalho (OIT) dita na sua Recomendação 198/2006[24] aos países membros.

pje.trt2.jus.br/consultaprocessual/detalhe-processo/10001007820195020037>. Último acesso em: 05 de outubro de 2020, às 21:16h.

[24] ONU. *Recomendação 198 OIT*. Disponível em: <https://www.ilo.org/dyn/normlex/es/f?p=1000:12100:0::NO::P12100_INSTRUMENT_ID,P12100_LANG_CODE:312535,es:NO>. Último acesso em: 05 de outubro de 2020, às 21:29h.

Esta mesma entidade, na Declaração do Centenário para o Futuro do Trabalho de 2019[25], reforçou a importância e urgência de se aproveitar as oportunidades e endereçar os desafios para moldar o futuro do trabalho de forma justa, inclusiva e segura, buscando o pleno emprego, de forma produtiva e decente, através do desenvolvimento de políticas efetivas, com uma ênfase especial na integração de pessoas jovens ao trabalho.

Considerando os aspectos do trabalho em plataformas digitais e a necessidade de se traçar um regime específico para estas novas relações, o desafio se encontra na dificuldade de se estabelecer regras e parâmetros que ao mesmo tempo garantam a proteção adequada e façam sentido frente às características mais marcantes que diferenciam e afastam estas relações do contrato de emprego e suas proteções. Um dos caminhos é dissociar o conceito de proteção ao emprego e atrelar à pessoa do trabalhador[26]:

> O futuro do trabalho e das leis trabalhistas depende da reposta dos formuladores de políticas públicas às mudanças constantes no mercado de trabalho, avanços tecnológicos e realidades eco-

25 INTERNATIONAL LABOUR ORGANIZATION. *International Labour Conference. ILO Centenary Declaration For the Future of Work,* 2019. Disponível em: <https://www.ilo.org/wcmsp5/groups/public/@ed_norm/@relconf/documents/meetingdocument/wcms_711674.pdf>. Último acesso em: 05 de outubro de 2020, às 21:18h.

26 *"The future of employment and labor law depends on policymakers responding to the ongoing changes in the job market, technology advances, and shifting economic realities. The paths for reform are multiple and must consist of clarifying existing definitions about worker protection, drawing on technological capacities to aid compliance and enforcement of these protections, expanding certain basic protections to all laborers, regardless of their employment status, creating new protections in response to new business models, and finally, delinking fundamental social welfare programs from employment."*. LOBEL, Orly. *The Gig Economy & The Future of Employment and Labor Law,* 2016. Disponível em: <https://papers.ssrn.com/sol3/papers.cfm?abstract_id=2848456>. Último acesso em: 05 de outubro de 2020, às 21:21h.

nômicas em constante mudança. Os caminhos para a reforma são múltiplos e devem consistir em esclarecer as definições existentes sobre a proteção do trabalhador, aproveitando as capacidades tecnológicas para auxiliar o cumprimento e aplicação destas proteções, expandindo certas proteções básicas a todos os trabalhadores, independentemente da sua classificação como empregado, criando novas proteções em resposta a novos modelos de negócio e, finalmente, desvinculando programas de bem-estar social do emprego. (2016, p. 16, tradução livre)

Neste trecho de Orly Lobel fica claro ainda que está nas mãos da sociedade, dos trabalhadores, mas principalmente dos formuladores de políticas públicas, discutir e encontrar os caminhos possíveis para se estabelecer os direitos e deveres que permeiam estas relações, especialmente através de uma ampliação e adaptação dos mecanismos existentes de proteção social, ainda que não exista uma relação de emprego.

Neste mesmo sentido, ao analisar questões que envolvem o futuro do trabalho e o trabalho em plataformas digitais[27], a OIT enumerou dezoito princípios que deveriam ser observados para garantir que estas novas relações se deem em bases sólidas com parâmetros que garantam a dignidade.

Os princípios, no geral, discorrem sobre elementos de ordem prática em relação ao trabalho em plataformas digitais. Alguns deles, guardam relação com conceitos que todo trabalhador se depara durante sua jornada de trabalho, tais como: classificação adequada e correta do trabalhador; direito de associação e negociação coletiva; remuneração não inferior ao salário mínimo; comunicação educada e substantiva entre clientes e

[27] ORGANIZAÇÃO INTERNACIONAL DO TRABALHO. *As Plataformas Digitais e o Futuro do Trabalho*, 2020. Disponível em: <https://www.ilo.org/lisbon/publica%C3%A7%C3%B5es/WCMS_752654/lang--pt/index.htm>. Último acesso em: 05 de outubro de 2020, às 21:23h.

trabalhadores; conhecimento sobre o cliente e o objetivo do trabalho e identificação de tarefas suscetíveis ao desgaste mental.

Já outros elementos a serem observados são mais específicos e centrados especificamente nessa modalidade de trabalho inovadora, o que reforça a necessidade de se olhar com um viés diferente para essa nova forma de trabalho considerando as suas especificidades, são eles: garantia de flexibilidade no aceite das tarefas e horário de trabalho; inexistência de responsabilidade dos custos por problemas técnicos da plataforma; possibilidade de contestar problemas ocorridos na plataforma; possibilidade de avaliação dos clientes; termos de uso, instruções de trabalho e código de conduta claros e inteligíveis e garantia de acesso ao histórico do trabalho em plataforma.

Este mesmo estudo[28] traz ainda três critérios adicionais que endereçam especificamente como deveriam ser enfrentados os aspectos de proteção social, abordando, em especial, que os mecanismos de segurança social devem ser adaptados para cobrir trabalhadores independente da forma de emprego e contrato de trabalho, sendo que a tecnologia deve ser utilizada para simplificar o pagamento das contribuições.

Notadamente, os princípios listados dizem respeito às questões, de ordem prática, que as plataformas digitais deveriam garantir e observar. Já nos aspectos que se referem às proteções sociais, trata-se de um esforço que depende muito mais do ente público do que dos entes privados, pois é necessário adaptar o sistema vigente para abraçar e contemplar adequadamente estes trabalhadores.

Para que o futuro do trabalho em plataforma seja sustentável, é preciso então um esforço conjunto e sincronizado que

28 ORGANIZAÇÃO INTERNACIONAL DO TRABALHO. *As Plataformas Digitais e o Futuro do Trabalho*, 2020. Disponível em: <https://www.ilo.org/lisbon/publica%C3%A7%C3%B5es/WCMS_752654/lang--pt/index.htm>. Último acesso em: 05 de outubro de 2020, às 21:23h.

teria o condão de dirimir a controvérsia: as plataformas digitais poderiam, desde já, realizar um movimento para garantir que estejam aderentes aos dezoito princípios de trabalho digno listados pela OIT, já que a dignidade é um aspecto que precisa existir em qualquer ofício desempenhado, ainda que não exista uma relação de emprego; e o poder público poderia, desde já, discutir e propor mudanças para adaptar o sistema previdenciário e tributário para fazer com que os mecanismos de proteção social alcancem estes trabalhadores – em prol não só da segurança jurídica para todos os envolvidos, mas também garantindo o fomento à livre iniciativa e a busca ao pleno emprego, como propõe a nossa Constituição Federal[29].

Conclusões

A inovação e a tecnologia têm o condão de transformar muitas coisas, dentre elas, a forma como o trabalho é executado e enxergado na sociedade. Dentro desta realidade de transformação, observamos o surgimento nos últimos anos, de uma nova modalidade: o trabalho em plataformas digitais.

As plataformas digitais são ferramentas tecnológicas criadas por empresas que atuam como intermediárias na contratação de produtos e/ou serviços. Uma das pontas conectadas por estas empresas é a do prestador de serviço (motorista ou entregador) que se utiliza dos meios tecnológicos para exercer o seu labor.

Estes profissionais são majoritariamente homens jovens, que podem buscar no trabalho em plataformas digitais tanto uma ocupação principal, quanto uma fonte de renda alternativa. O trabalho em plataformas digitais é visto pela maioria destes profissionais como uma atividade satisfatória e a liberdade e a flexibilidade deste modelo são características muito valorizadas.

[29] BRASIL. Constituição da República Federativa do Brasil de 1988. Disponível em: <http://www.planalto.gov.br/ccivil_03/constituicao/constituicao.htm>. Último acesso em: 05 de outubro de 2020, às 21:30h.

Mas o surgimento destas novas relações também trouxe o debate sobre a relação jurídica entre as plataformas digitais e estes profissionais. O elemento central da discussão é a existência ou inexistência do vínculo de emprego nessa relação.

A CLT estabelece alguns requisitos para a configuração da relação de emprego: a pessoalidade, a subordinação, a onerosidade, a não eventualidade e assunção dos riscos da atividade pelo empregador. A subordinação, é, todavia, o elemento mais importante, pois é o que distingue o trabalhador autônomo do trabalhador empregado. A dinâmica do trabalho em plataformas digitais é pautada na liberdade de conexão e desconexão e na liberdade de aceite ou rejeite dos serviços, o que afasta a existência de subordinação nesta relação.

Ainda, ao analisar estatisticamente como os tribunais decidem nos processos judiciais onde estes trabalhadores pleiteiam o reconhecimento do vínculo de emprego com as plataformas digitais, na vasta maioria dos casos, os precedentes apontam pela não existência de uma relação de emprego, justamente pela ausência de subordinação entre o trabalhador e a plataforma.

A verdade é que estamos diante de um novo contorno das relações de trabalho e não devemos tentar moldar este novo cenário a uma regulação proposta em um cenário diferente. Classificar os trabalhadores adequadamente se baseando em aspectos que façam sentido e estejam adequados a este novo tipo de trabalho poderá trazer mais segurança jurídica para todos os envolvidos, além de garantir que o colchão de proteção social do Estado abarque estes trabalhadores. Para isso, é preciso um esforço conjunto das empresas e dos formuladores de políticas públicas para estabelecer direitos e deveres com o condão de garantir condições dignas a estes trabalhadores, o que acabará por garantir também, o desenvolvimento econômico e a viabilidade jurídica para que estas novas relações continuem a prosperar no nosso país, gerando renda para milhares de pessoas com a proteção que lhes cabem.

Referências

Artigos/Sites

BECKER, Daniel; OBREGON, Fernanda. *Trabalho em Plataforma: Onde Terminam os Dados e Começa a Ideologia?* JOTA: São Paulo, 2020. Disponível em: <https://www.jota.info/opiniao-e-analise/colunas/regulacao-e-novas-tecnologias/trabalho-em-plataforma-onde-terminam-os-dados-e-comeca-a-ideologia-01082020>. Último acesso em: 05 de outubro de 2020, às 20:59h.

IFOOD. *Termos de Uso*. Disponível em: <https://entregador.ifood.com.br/termosdeuso/>. Último acesso em: 05 de outubro de 2020, às 20:37h.

KREUSCH, Valdemiro. Jurimetria: *O Que É E Como Fica A Advocacia Depois Dessa Revolução*. SAJADV: São Paulo, 2020. Disponível em: <https://blog.sajadv.com.br/jurimetria/>. Último acesso em: 05 de outubro de 2020, às 20:47h.

LOBEL, Orly. *The Gig Economy & The Future of Employment and Labor Law*, 2016. Disponível em: <https://papers.ssrn.com/sol3/papers.cfm?abstract_id=2848456>. Último acesso em: 05 de outubro de 2020, às 21:21h.

INTER-AMERICAN DEVELOPMENT BANK. *Who Drives On Ride-hailing Platforms in Latin America? A Profil of Uber Drivers in Brazil, Chile, Colombia, and Mexico*. IDB, 2019. Disponível em: <https://publications.iadb.org/publications/english/document/Who_Uses_Ride-Hailing_Platforms_to_Drive_in_Latin_America_A_Profile_of_Uber_Drivers_in_Brazil_Chile_Colombia_and_Mexico_en.pdf>. Último acesso em: 04 de outubro de 2020, às 23:28h.

INTERNATIONAL LABOUR ORGANIZATION. *International Labour Conference. ILO Centenary Declaration For the Future of Work*, 2019. Disponível em: <https://www.ilo.org/wcmsp5/groups/public/@ed_norm/@relconf/documents/meetingdocument/wcms_711674.pdf>. Último acesso em: 05 de outubro de 2020, às 21:18h.

MANDALITI ADVOGADOS. *Relatório de Jurimetria IFOOD*, 2019. Disponível em: <https://pje.trt2.jus.br/consultaprocessual/detalhe-processo/10001007820195020037>. Último acesso em: 05 de outubro de 2020, às 20:51h.

OLIVON, Beatriz. *Placar na Justiça do Trabalho é Favorável às Empresas de Aplicativo*. Valor Econômico: São Paulo, 2020. Disponível em: <https://valor.

globo.com/legislacao/noticia/2020/07/24/placar-na-justica-do-trabalho-e-favoravel-as-empresas-de-aplicativo.ghtml>. Último acesso em: 05 de outubro de 2020, às 20:57h.

ORGANIZAÇÃO INTERNACIONAL DO TRABALHO. *As Plataformas Digitais e o Futuro do Trabalho*, 2020. Disponível em: <https://www.ilo.org/lisbon/publica%C3%A7%C3%B5es/WCMS_752654/lang--pt/index.htm>. Último acesso em: 05 de outubro de 2020, às 21:23h.

UBER. *Termos de Uso*. Disponível em: <https://www.uber.com/legal/en/document/?name=general-terms-of-use&country=brazil&lang=pt-br>. 05 de outubro de 2020, às 20:37h.

UOL. *O Que É Um Marketplace E Como Ele Pode Ser Útil Para Minha Loja Virtual?* Disponível em: <https://meunegocio.uol.com.br/blog/o-que-e-um-marketplace-e-como-ele-pode-ser-util-para-minha-loja-virtual/#rmcl>. Último acesso em: 04 de outubro de 2020, às 22:40h.

Livros

CASSAR, Vália Bomfim. *Direito do Trabalho: De Acordo Com a Reforma Trabalhista*. São Paulo: Método, 2019.

DELGADO, Mauricio Godinho. *Curso de Direito do Trabalho*. São Paulo: LTr, 2006.

Jurisprudência

BRASIL. Tribunal Regional do Trabalho da 2ª Região. *Vínculo Empregatício. Requisitos do Artigo 3º da CLT. Processo nº 1001240-51.2017.5.02.0027. Relatora: Rilma Aparecida Hemeterio. Data de Publicação: 16 de agosto de 2018.* Disponível em: <https://pje.trt2.jus.br/consultaprocessual/detalhe-processo/10012405120175020027>. Último acesso em: 06 de out. de 2020, às 21:33h.

BRASIL. Tribunal Superior do Trabalho. *Agravo de Instrumento em Recurso de Revista. Acórdão publicado na vigência da Lei nº 13.015/2014. Vínculo de Emprego. Motorista. Uber. Ausência de Subordinação. Relator: Breno Medeiros. Processo nº 1000123-89.2017.5.02.0038. Data de Publicação: 07 de agosto de* 2020. Disponível em: <http://www.tst.jus.br/processos-do-tst>. Último acesso em: 05 de outubro de 2020, às 21:10h.

BRASIL. Superior Tribunal de Justiça. *Conflito Negativo de Competência. Incidente Manejado Sob a Égide do NCPC. Ação de Obrigação de Fazer c.c. Reparação de Danos Materiais e Morais Ajuizada por Motorista de Aplicativo Uber. Relação de Trabalho Não Caracterizada. Sharing Economy. Natureza Cível. Competência do Juízo Esta-*

dual. Relator: Ministro Moura Ribeiro. Processo nº 164.544 (MG 2019/0079952-0). Data de Publicação: 04 de setembro de 2019. Disponível em: <https://ww2.stj.jus.br/processo/revista/documento/mediado/?componente=ITA&sequencial=1857953&num_registro=201900799520&data=20190904&formato=PDF>. Último acesso em: 05 de outubro de 2020, às 21:14h.

BRASIL. Tribunal Superior do Trabalho. *Agravo de Instrumento em Recurso de Revista Interposto pela Reclamante. Acórdão Regional Publicado na vigência da Lei nº 13.015/2014 e 13.467/2017. Procedimento Sumaríssimo. Relação de Emprego. Reconhecimento de Vínculo. Trabalhador Autônomo. Motorista. Aplicativo. Uber. Impossibilidade. Transcendência Jurídica Reconhecida. Não Provimento. Relator: Ministro Alexandre Luiz Ramos. Processo nº 10575-88.2019.5.03.0003. Data de publicação: 11 de setembro de 2020.* Disponível em: <http://aplicacao5.tst.jus.br/consultaDocumento/acordao.do?anoProcInt=2020&numProcInt=10851&dtaPublicacaoStr=11/09/2020%2007:00:00&nia=7530625>. Último acesso em: 05 de outubro de 2020, às 21:12h.

BRASIL. 37ª Vara do Trabalho de São Paulo. Tribunal Regional do Trabalho da 2ª Região. *Autor: Ministério Público do Trabalho. Réu: Rapiddo Agência de Serviços de Entrega Rápida S.A. e Ifood.com Agência de Restaurantes Online S.A. Processo nº 1000100-78.2019.5.02.0037. Data de publicação: 27 de janeiro de 2020.* Disponível em: <https://pje.trt2.jus.br/consultaprocessual/detalhe-processo/10001007820195020037>. Último acesso em: 05 de outubro de 2020, às 21:16h.

Legislação

BRASIL. *Constituição da República Federativa do Brasil de 1988.* Disponível em: <http://www.planalto.gov.br/ccivil_03/constituicao/constituicao.htm>. Último acesso em: 05 de outubro de 2020, às 21:30h.

BRASIL. *Decreto-Lei nº 5.452, de 1º de maio de 1943 – Consolidação das Leis Trabalhistas (CLT).* Disponível em: <http://www.planalto.gov.br/ccivil_03/decreto-lei/del5452.htm>. Último acesso em: 05 de outubro de 2020, às 20:0h.

BRASIL. *Pronunciamento Técnico CPC 47 do Comitê de Pronunciamentos Contábeis – CPC 47.* Disponível em: <http://static.cpc.aatb.com.br/Documentos/527_CPC_47_Rev%2014.pdf>. Último acesso em 04 de outubro de 2020, às 23:18h.

ONU. *Recomendação 198 OIT*: Disponível em: <https://www.ilo.org/dyn/normlex/es/f?p=1000:12100:0::NO::P12100_INSTRUMENT_ID,P12100_LANG_CODE:312535,es:NO>. Último acesso em: 05 de outubro de 2020, às 21:29h.

SOBRE OS AUTORES

Erik Telles Maeda

É advogado empresarial, Pós-graduado em Direito Empresarial pelo Insper e Bacharel em Direito pela Pontifícia Universidade Católica de São Paulo.

Felipe Vanderlinde Schiavon

É bacharel em Direito pela Universidade de São Paulo (2017). Cursou o LL.C. em Direito Empresarial do Insper – Instituto de Ensino e Pesquisa (2019-2020). Foi advogado em Direito Penal Empresarial e hoje atua em uma consultoria estratégica empresarial, com ênfase na indústria farmacêutica e agronegócio.

Gabriela Brocadello Junqueira

É advogada, especialista em Direito Empresarial pelo Insper e graduada em Direito pela FMU. Tem experiência em contencioso cível estratégico e negociação extrajudicial, direito contratual, cível estratégico, recuperação de créditos, contencioso societário, imobiliário e consumidor, tendo atuado em grandes bancas de advocacia empresarial full service e departamentos jurídicos.

Gabriela Revoredo Pereira da Costa

É advogada, formada pela Universidade Federal do Rio Grande do Norte – UFRN. Especialista em Compliance e pós-graduada no LL.C em Direito Empresarial pelo INSPER – Instituto de Ensino e Pesquisa.

Tatiane Neves Alves

É advogada graduada pela Faculdade de Direito de São Bernardo do Campo e pós-graduada em Direito Empresarial pela Insper, com atuação predominante na área de tecnologia.